A L'INDUSTRIE! AU PROGRÈS!

SUPPRESSION

DE

LA VAPEUR PAR L'AIR COMPRIMÉ

AUGUSTE SOLVAIN

DU PUY (Haute-Loire).

LE PUY

IMPRIMERIE ET LITHOGRAPHIE M.-P. MARCHESSOU

Boulevard Saint-Laurent, 23.

1874.

AVANT-PROPOS

Un enfant dans les sciences, dans son enthousiasme, crut un moment avoir résolu ce vaste problème. Il publia une brochure le 2 janvier 1872, qui lui amena des capitalistes ; mais son travail n'était qu'à l'état d'ébauche. De là, déceptions sur déceptions.

Les hommes compétents avec lesquels il agita alors les diverses questions qui font l'objet de cette brochure, s'efforcèrent de lui prouver l'impossibilité matérielle et morale de la solution de ce problème. De grands débats eurent lieu, bon nombre d'objections plus spécieuses que réelles furent passionnément discutées, sans amener de conviction dans l'esprit de l'auteur.

Aujourd'hui tous les obstacles sont aplanis : c'est que l'enfant a grandi, ne se laissant pas décourager, ayant une intime confiance en lui, connaissant tous les obstacles qu'il avait à vaincre ; son imagination hardie les a pris les uns après les autres, les a vaincus et en a suscité d'autres inconnus, qu'il a vaincus encore. Lisez ! vous verrez que l'enfant est devenu un homme, qui espère que tout Français sera fier de dire : La même terre et le même ciel nous ont vu naître. »

INTRODUCTION

Pour vaincre les résistances appliquées à une machine, et entretenir par là son mouvement, il faut appliquer une puissance; cette puissance est habituellement empruntée aux moteurs animés, qui sont chute d'eau, vent, vapeur, etc.

Quand j'ai cherché à créer mon œuvre, j'ai voulu trouver une machine qui put fonctionner, sans avoir recours à aucun de ces agents ,ni à aucun autre du même genre.

J'ai cherché une machine motrice qui put produire du travail utile, sans être soumise à l'action d'un moteur; en un mot, j'ai voulu construire une machine qui soit elle-même un moteur, c'est-à-dire, ce que les hommes compétents en sciences appellent le *mouvement perpétuel*. La réputation d'impossibilité matérielle et morale de ce vaste problème, ajoutent certains hommes compétents, n'est pas sans fondement et sans avoir une raison d'être, comme je vais le démontrer. Mais aussi où seraient le mérite de l'inventeur, ses efforts, son travail, si la chose était faisable, ou plutôt si ce problème, était à même d'être résolu par le commun des mortels, pourvu qu'il fût doué d'une certaine dose d'intelligence et de bon sens? Outre ces qualités, il faut encore l'aptitude nécessaire, ou autrement dit, il faut, dans ces matières, que ces choses-là soient innées, puisque le pouvoir de créer ne s'acquiert pas : il vient de l'Etre suprême.

Bases ou principes de l'invention.

Il faut nier :

La loi de la pesanteur et de la gravitation ;

Que l'air comprimé ne donne pas une force égale à la force qui le comprime ;

La chute des corps ne donnant aucune compression sur les matières ou gaz qui reçoivent le choc ;

La loi de la balance et de l'équilibre ;

Que, de tous les gaz, l'air n'est pas le plus éminemment compressible, par conséquent celui dont la force élastique ou de dilatation a le plus de puissance, suivant les lois de Delaunay, Mariotte, etc. ;

Que $X + X = X^2$. Vous devez me comprendre ? Je veux bien vous démontrer par $A + B$ la solution du problème ; mais l'action, c'est ma propriété.

Formules.

Une force abandonnée à elle-même donne comme travail utile son poids $\times$ par la hauteur de sa chute.

Lorsqu'elle part, si elle a une force acquise, elle donnera comme travail utile son poids $\times$ par la hauteur de sa chute ; plus, sa force acquise partant du repos $\times$ par la hauteur de la chute.

De la prétendue Impossibilité de résoudre le problème.

Pour n'avoir recours à aucun des moteurs animés, il faut se servir d'une force matérielle connue de tous, qui est la loi de la pesanteur, autrement dit, d'un poids qui se meut, soit verticalement, horizontalement, obliquement, etc.

Entrons en action ! Prenons un poids de 5,000 kilos, faisons-le tomber de 2 mètres de hauteur, et voyons le travail utile qu'il va produire.

Arrivé au bas de sa course, il va nous donner son poids $\times$ par la hauteur de sa chute soit, 10,000 kilogrammètres : voilà ce qu'il a produit, moins les résistances passives au frot. tement produit par l'appareil ou machine, qui l'a guidé dans sa descente et doit le guider dans son mouvement ascensionnel. Supposons qu'ils soient de 120 kilogrammètres, il nous reste 9,880 kilogrammètres, avec le produit que nous avons, nous ne pouvons le remonter qu'à 1 mètre 976 millimètres : voilà pour la première chute, elle ne produit rien ; en sus, elle ne peut créer assez de puissance pour remonter le poids à son point de départ, puisque nous avons perdu 0 mètre 024 millimètres de course. Nous n'avons fait la part que des frottements descendants ; ceux ascendants sont de même : nous perdons donc 0 mètre 048 millimètres de course, ou de chute pour la deuxième chute. Par conséquent, le produit suivant diminuera d'autant, et ainsi de suite jusqu'à l'amortissement de la chute du poids réduite à rien.

Voilà donc ce que l'on pourrait produire : faire danser un poids, un certain laps de temps, ces sauts diminuant à mesure de la perte des résistances à chaque chute ou à chaque compression.

En enlevant les résistances, vous pourriez remonter votre poids à 2 mètres : vous auriez alors le mouvement perpétuel,

mais sans produire du travail utile ou une force que vous
pourriez employer à votre fantaisie, outre celle qui doit être
propre à la machine. Vous n'auriez donc pas résolu le problème entièrement, il ne serait qu'à moitié résolu.

Problème.

Comme je viens de le démontrer, un poids tomberait-il de
la voûte céleste, la puissance qu'il créerait serait insuffisante
à résoudre le problème dit du mouvement perpétuel. En effet,
il donnerait une puissance égale à lui $\times$ par la hauteur de sa
chute; par conséquent, pour le remonter au sommet de sa
course, il faudrait cette force, plus la somme des résistances
ou frottements, créée par la machine qui le guide dans sa
descente et doit le remonter à son point de départ.

Donc, impuissance de rien combiner ni créer avec le produit de la chute d'un corps, de n'importe quelle puissance il
soit.

Puisque, en admettant que l'on arrive à le faire tomber sans
frottement et remonter de même, vous obtiendriez un mouvement descendant et ascendant de la longueur que vous
voudriez, vous auriez alors ce que l'on appellerait le mouvement perpétuel ; mais! sans production de travail utile : une
simple curiosité de laquelle on ne pourrait demander aucun
service ; donc le but que je me suis proposé ne serait nul-
lement atteint.

Vous voyez, par ce que je viens de démontrer, que la tâche
que je me suis imposée volontairement est des plus arides; et
je m'attends encore à l'entendre dire par de pauvres esprits,
malgré le travail, les efforts et la somme de constance qu'il
a fallu à l'inventeur pour poursuivre son œuvre, malgré déceptions, vexations même de toutes sortes, et cela depuis
malheureusement trop longtemps.

Eh bien! quand l'œuvre sera construite, c'est-à-dire existera matériellement, on trouvera peut-être que j'ai mis beaucoup de temps pour établir une chose aussi simple, mais — on ne pourra le nier — aussi grande; et comme quand je me sens blessé, je ne me sens jamais vaincu, tant pis pour ceux qui entreprendront ma critique, s'il leur est prouvé qu'ils ne sont pas dans le vrai.

Pardon de cette sortie! On juge l'homme à l'œuvre, et vous allez me juger; un peu de patience, la chose en vaut la peine. Revenons au sujet.

Comme je viens de le faire voir, le rendement de la chute d'un corps ne peut créer assez de puissance pour résoudre le problème dit du mouvement perpétuel, comme l'entendent les hommes compétents : c'est-à-dire une machine créant elle-même sa force motrice pour se mouvoir; plus, pouvant en donner, outre celle qui lui est propre, d'une manière illimitée ; n'étant subordonnée qu'à une épaisseur de métal, à pouvoir supporter les pressions indiquées, le tout commandé par l'homme, sans combustible ni action chimique.

J'ai donc dû chercher à multiplier les chutes par diverses combinaisons; afin de pouvoir arriver à un résultat satisfaisant : ceci posé, cela simplifie de beaucoup le problème ; seulement il fallait chercher les moyens à établir.

J'imaginai alors un jeu des plus simples que j'accouplai, et j'eus la solution demandée.

Ceci posé, je devins maître, par mes combinaisons, du nombre de chutes qu'il me fallait pour arriver aux résultats que je voulais atteindre ; c'est-à-dire pouvoir accumuler une puissance donnée pendant 4, 6, 8 ou 10 chutes, etc., sans y toucher qu'à un moment donné ; ce moment arrivé, dépenser ce qu'il faut pour remonter la machine sans en arrêter la marche, et, après cette dépense, avoir un bénéfice premier qui va toujours se multipliant jusqu'à l'achèvement de la mise en train de la machine, qui laissera la force libre à la dépense que l'on voudra, outre celle qui est propre à la machine, comme je vais le démontrer.

Je ne parlerai pas des difficultés inouïes que je rencontrai pour donner à mon invention toute la simplicité voulue ; je ne puis qu'affirmer : *seul* j'en eus toutes les déceptions et déboires, etc.

Avec rien faire beaucoup : ceux qui pensent cela sont de pauvres farceurs, passez-moi cette expression vulgaire qui rend très-bien ma pensée. Vous allez voir qu'avec du bon sens, du travail, on arrive à tout. La force, que fait-elle ? Elle meut des poids soit horizontalement, soit verticalement : un poids qui tombe de 2 mètres de hauteur, vous donne une force égale à lui $\times$ par la hauteur de sa chute. Si vous savez conserver cette force et la $\times$ encore par elle-même avec la chute qui va suivre, vous arriverez à une puissance incroyable. Pour établir ces effets, j'ai dû créer autre chose : si je n'emploie ni combustible ni action chimique, j'emploie toujours une machine, dans laquelle se meuvent des poids, avec l'auxiliaire d'autres combinaisons. J'abandonne ce sujet, pour vous en démontrer d'autres plus sérieux.

***

Description succincte des effets produits par la machine, pour pouvoir démontrer les rendements obtenus, en attendant la description détaillée.

Il existe dans la machine quatre poids, dont deux sont dits travailleurs, et les autres deux poids moteurs des deux premiers ; ces derniers plus lourds que les premiers, de toute la somme des frottements ascendants du poids travailleur, plus de l'aspiration, plus d'une somme en sus, afin d'acquérir une vitesse voulue. Leur travail consiste à remonter les premiers au sommet de leur course, après leur chute, par un effet X ; eux arrivés au bas de leur course, sont remontés au sommet par une force égale à eux, plus la somme des frottements,

etc., en air comprimé, créée par les deux premiers qui ont fait
six chutes et ont accumulé une force facile à calculer, donnant
les chiffres suivant les formules dites ci-devant. La machine
s'est donc remontée elle-même pour autres six chutes, et ainsi
de suite. Si on la laisse marcher, elle marchera continuellement; seulement il faut la régler par la charge des soupapes
de sûreté : sans cela, la force s'accumulant ferait sauter la
machine.

Les poids sont assis sur des points d'appui excessivement
mobiles, ce qui permet d'enlever le point d'appui des poids travailleurs instantanément, les laissant entièrement libres dans
leurs chutes .

Les poids moteurs des premiers destinés à les remonter au
sommet de leur course font un mouvement x., comme il
a été dit; les poids travailleurs se trouvent au haut de leur
course avec de nouveaux points d'appui, qui vont disparaître
encore et les laisser libres dans leurs mouvements descendants, etc. Les poids moteurs, ayant descendu chacun à leur
tour, remontent au sommet de leur course, comme il a
été dit, par une force égale à eux, plus leurs frottements
dans leurs mouvements ascensionnels en air comprimé,
créée par les poids travailleurs, et remontent en même temps
avec eux les trois points d'appui emmagasinés selon mon
procédé.

Les points d'appui qui se meuvent dans la machine, vous
sont inconnus.

Il est inutile de vous expliquer pourquoi je mets des x.,
quand je veux cacher quelque chose des combinaisons de la
machine: comme je vous l'ai déjà dit, l'action c'est ma propriété. Un autre à ma place aurait peur d'être volé : eh bien!
moi, je dis : « Faites, » et je me ris, parce qu'il est impossible
de se mettre à la place d'un autre homme.

Pour les frottements, si on ne veut pas les déduire des
forces ou poids qui font leurs chutes, il n'y a qu'à mettre
la somme des frottements en air comprimé dans le premier
réservoir de la machine comme force acquise; sans la calculer,

bien entendu, avec le rendement de la chute du poids, qui par ce simple fait, tombe au bas de sa course, comme s'il tombait dans l'atmosphère libre de toute contrainte.

La machine possède 3 réservoirs, se déversant les uns dans les autres, munis de soupapes de sûreté chargées à différents chiffres : le premier est le plus petit ; le deuxième, un peu plus grand ; le troisième, le plus grand, est celui où l'on prendra la force en air comprimé à dépenser, outre celle qui est propre à la machine qui ne doit pas en sortir, mais se renouveler constamment. Les réservoirs sont les uns dans les autres, s'ils changent de grandeur, c'est pour qu'il n'y ait pas de déperdition de force en air comprimé lorsqu'il sort des pompes de compression, afin de lui laisser son même volume, pour qu'il ne puisse se dilater. S'il en était autrement, il y aurait perte de force ; l'air sortant, — je suppose à dix atmosphères des compresseurs rentrant dans un réservoir double comme volume de l'air comprimé sortant des pompes de compression, — vous auriez perte de moitié, c'est-à-dire comptez cinq au lieu de dix Voilà pourquoi il y a plusieurs réservoirs, qui se déversent les uns dans les autres, au fur et à mesure de l'accumulation de la force.

Pour savoir employer l'air comprimé, sa détente ou sa dilatation, il y a une foule de principes auxquels il faut faire attention ; je vais en donner un aperçu succinctement, traitant à la suite séparémment chaque sujet.

Je suppose que nous ayons l'air comprimé sous 20 atmosphères. Pour avoir toute sa force élastique sans déperdition, il faut suivre des proportions et voir sous quel volume il sort des pompes de compression pour passer dans les réservoirs ; ce que l'on peut voir mathématiquement, sachant combien il y a dans les réservoirs, considéré comme force acquise, et ce que donne le poids, comme l'on verra ci-après à chaque compression.

Les cylindres affectés à la dépense doivent être d'un volume proportionnel bien établi.

L'air comprimé, d'après les lois établies par des savants

qui ont fait les expériences — tels que Mariotte, Delaunay, J. Jamin, Deguin, Payen, Babinet, Beudant, Person, Kœeppelin, etc. — L'air comprimé à moitié de son volume au tiers, au quart, etc, juge qu'il est sous une pression de deux, trois, quatre atmosphères, etc. Sa force élastique ou de dilatation peut lancer un projectile avec autant de vitesse qu'un projectile lancé par la poudre, l'air étant comprimé sous 8 ou 10 atmosphères : expérience faite avec le fusil dit à vent.

Prenons des chiffres pour établir les effets qui ont lieu; poids travailleurs 2,000 kilos, poids moteurs 8,000 kilos, laissant subsister l'effet x., (je regrette d'être obligé de supprimer de bien belles pages, vous comprenez que je ne puis) à mettre dans le petit réservoir, les frottements descendant sept chevaux en air comprimé ou 525 kilogrammètres : puissance gazeuse produite par la compression de ce gaz, égale à la somme des résistances passives descendantes (je ferai remarquer que je force de beaucoup ces chiffres, quant aux frottements) : la chute des poids travailleurs 1 mètre 20 centimètres, celle des poids moteurs de x en x sorties où dépensés, pour remonter les poids moteurs arrivés au bas de leur course, qui a lieu à la cinquième et sixième compression de la force accumulée par ce nombre de chute 135 chevaux ou 10,125 kilogrammètres chaque, et faisons marcher la machine.

Les chutes ont lieu l'une après l'autre, pour avoir une fabrication en air comprimé continue, sans relâche ou sans intermittence. Les machines se composeront de deux, trois, quatre jeux, etc., à la volonté de ceux qui s'en serviront. Un seul jeu peut fonctionner aussi; seulement il y a intermittence dans la production, au moment où le poids moteur est remonté au sommet de sa course; mais en doublant la puissance comme force accumulée, on aura à la dépense une force continue qui sera de moitié, d'un tiers ou d'un quart de celle accumulée, qui quoique sortie, se refabriquera au bout des trois ou quatre compressions, etc., pour arriver à l'intermittence de nouveau, ce que l'on verra ci-après, traitant ce sujet spécialement.

Les hauteurs de chute, varient de 1 mètre 05 cent. à 2 mètres et plus, selon la puissance que l'on veut créer, ou selon l'usage que l'on veut faire de la force motrice. Ainsi, pour chemin de fer, il faudra les chutes les plus basses ; pour la navigation, celles que l'on voudra, selon l'emploi ; de même, pour l'industrie, etc.

Vous devez vous demander pourquoi les poids moteurs sont de 8,000 kilos, tandis-que les poids travailleurs sont seulement de 2,000 kilos et que les premiers sont destinés à remonter ces derniers au sommet de leur course après leurs chutes. Je vais vous dire pourquoi ; mais c'est en $x.x.$, je regrette d'être obligé de vous en parler.

Vous verrez ci-après que nous marchons autrement, en corrigeant l'effet $x.x.$; mais je dois marcher avec toutes les difficultés, voilà pourquoi je ne vous ferai grâce d'aucun sujet (mais encore j'aurai le regret de ne pouvoir vous le démontrer). Une page en $x.x.$ vous a démontré pourquoi le poids moteur est quatre fois plus lourd que le poids travailleur. Rappelez-vous que les résistances descendantes sont à mettre dans le petit réservoir, pour que les poids travailleurs fassent leurs chutes librement, comme s'ils tombaient dans l'atmosphère libre de toute contrainte ; puis, pour avoir une force accumulée à la 5me et 6me compression, pour pouvoir remonter les poids moteurs ; plus, avoir un bénéfice après ces dépenses.

Pour ne pas y revenir, remarquez que les résistances descendantes sont vaincues par la force première en air comprimé, mise dans le petit réservoir de la machine. Celles ascendantes sont vaincues par les poids moteurs et les sorties.

Rendement de la première machine, laissant subsister les obstacles, produits par les combinaisons de la machine.

2,000 kilos tombant de 1 mètre 20 cent. donnent, comme travail utile, son poids $\times$ par la hauteur de sa chute, soit 2,400 kilogrammètres ; cette puissance gazeuse, produite par la compression de ce gaz (qui est l'air) par le poids travailleur, est emmagasinée dans le petit réservoir de la machine, ou autrement dit, c'est une force que nous avons acquise : remarquez bien, je vous prie, afin de ne pas répéter à chaque instant la même chose, que toute force emmagasinée à chaque compression se dépense à la compression qui succède pour $\times$ les rendements de la machine jusqu'assez que nous ayons une force libre à la dépense, outre celle qui est propre à la machine, qui ne doit pas en sortir, mais se renouveler constamment en $\times$ la puissance de la machine d'une manière illimitée ; réglée par les soupapes de sureté, pour avoir une puissance déterminée, selon les parois de la machine, à pouvoir supporter telle ou telle pression, etc. Je dois vous faire remarquer que, pour remonter les poids moteurs de 8,000 kilos arrivés au bas de leur course qui est de x. en $x.x.$, il me faut une puissance en air comprimé de 9,600 kilogrammètres, plus de la somme des résistances ou frottements ascendants de ce poids, avec ses accessoires que je porte toujours au double (les rendements étant riches, à quoi bon lésiner?), soit 525 kilogrammètres, ou une force égale à 7 chevaux vapeur : en tout, chaque sortie est de 10,125 kilogrammètres, qui ont lieu à la 5ᵐᵉ et 6ᵐᵉ compression ; et que, outre ces dépenses, nous devons avoir un bénéfice.

La 1ʳᵉ *compression* nous donne 2,400 kilogrammètres. Cette force que nous avons acquise par la première chute d'un des poids travailleurs nous allons l'employer pour la 2ᵉ compression, afin de la $\times$ encore, en faisant projeter ou jeter, lancer le second poids travailleur au bas de sa course par cette force acquise du premier poids travailleur qui vient de faire sa chute et qui nous a donné cette puissance. Je le répète : donc, la 2ᵉ compression va nous donner la force du poids travailleur $\times$ par la hauteur de sa chute $+$ sa force acquise, partant du repos (ou du sommet de sa course) par la hauteur de sa chute : soit 2,400 kilogrammètres et 2,880 kilogrammètres ; cela fait, pour le rendement de la 2ᵉ compression, 5,280 kilogrammètres rentrés dans le réservoir que nous avons comme force acquise, que nous allons dépenser avec la troisième chute, comme force acquise au poids travailleur qui va tomber au bas de sa course, projeté par cette puissance qui va nous donner une force égale sur l'air comprimé à la force qui le comprime : loi établie par la science, exacte et infaillible.

La 3ᵉ *compression* nous donne comme produit 2,400 kilogrammètres par le poids qui fait sa chute, plus la force acquise à ce poids $\times$ par la chute : soit 6,336 kilogrammètres, ensemble 8,736 kilogrammètres pour le rendement de la 3ᵉ compression, toujours force acquise pour la compression qui suit.

Remarquez que nous ne faisons qu'accumuler la force produite, quoique nous dépensions, à chaque compression qui succède à l'autre, cette force acquise produite par les combinaisons de la machine ; et que, encore de quelques compressions, vous n'aurez pas un grammètre libre à la dépense, avant que la mise en train de la machine soit achevée ou plutôt soit au milieu de sa mise en train.

La 4ᵉ *compression* produit 2,400 kilogrammètres par le poids ; la force acquise à ce poids par la 3ᵉ compression est de 8,736 kilogrammètres $\times$ par sa chute, produit 10,483 kilogrammètres : soit pour le rendement total de la 4ᵉ compression 12,883 kilogrammètres, force acquise pour la 5ᵉ compression.

5e *compression* : produit 2,400 kilogrammètres par le poids, produit de la force acquise à ce poids 15,459 kilogrammètres, rendement en tout 17,859 kilogrammètres pour cette compression, ou 238 $\frac{12}{100}$ de cheval vapeur, force nominative ; et tantôt je vous dirai sous quelle pression nous sommes pour ne pas brouiller un travail neuf dont l'auteur seul connaît toutes les fibres.

Jusqu'à présent, nous avons accumulé une puissance déterminée ; mais il faut songer à la machine. Il faut tout embrasser d'un coup d'œil : un des poids moteurs est au bas de sa course, c'est-à-dire a produit tout ce qu'il pouvait produire, son travail est terminé, il ne peut plus rien si nous ne lui donnons pas la vie l'existence ; et pour cela faire, il faut le remonter au sommet de sa course, dépenser une force égale à lui plus les frottements ; et les $x.x.$ disparus disparaissent à chaque compression qu'il doit remonter avec lui, soit 9,600 kilogrammètres, et 525 kilogrammètres pour frottements, ensemble 10,125 kilogrammètres pour remonter une force égale à $x. + x.$ Le poids travailleur, arrivé au bas de sa chute, remonte poussé par une force en plus de 1,475 kilogrammes pour accélérer son mouvement ascensionnel, comme je vous l'ai dit plusieurs fois ; car je tiens à vous mettre les points sur les i, et vous prouver de plus en plus que, toute espèce de contestation ne pouvant exister, je regarderai le fait comme venant d'un incompétent, n'ayant ni travaillé, ni ne connaissant les lois les plus simples établies par la science, n'ayant ni initiative ni imagination ni bon sens. Je m'arrête, je dirais le mot que je ne veux pas dire.

Je vous fais observer ! Revenons au sujet : une sortie va avoir lieu, comme je l'ai dit, de la force accumulée, produit des 5 premières compressions. Nous allons dépenser 10,125 kilogrammètres pour remonter un des poids moteurs : la somme produite accumulée est de 17,859 kilogrammètres ; ôtez 10,125 kilogrammètres, reste comme force acquise pour la 6e compression 7,734 kilogrammètres. Si nous remontions les deux poids moteurs ensemble, nous ne pourrions pas (alors il faudrait avoir recours à une force acquise avant la mise en train de la machine), mais nous avons le produit de la 6ᵉ compression : voyons si elle nous donnera ce qu'il faut pour remonter l'autre poids moteur ; en plus un bénéfice nous restant comme force acquise pour la 7ᵉ compression. opérons et voyons le rendement produit.

6ᵉ *compression :* produit du poids travailleur, 2,400 kilogrammètres ; produit de la force acquise au poids, 9,281 kilogrammètres : en tout, 11,681 kilogrammètres ou $155\,\frac{74}{100}$ de cheval vapeur (force égale à cette puissance) ; l'autre sortie de 10,125 kilogrammètres ôtés de 11,681 kilogrammètres, reste comme bénéfice à la 6ᵉ compression 1,556 kilogrammètres ou $20\,\frac{74}{100}$ de cheval vapeur, force que nous avons acquise et qui va se $\times$ jusqu'à ce que nous ayons une force libre à la dépense, outre celle qui est propre à la machine, comme je l'ai déjà dit. Nous avons un bénéfice assez gros; il serait de la force d'un poulet, que le problème serait résolu. Mais je vais vous étonner encore en vous disant que ceci n'est pas le rendement exact de la machine, ce que je développerai plus loin en vous démontrant la manipulation de l'air comprimé et les effets produits par lui, par les combinaisons de la machine, etc, La machine est remontée pour autres cinq et six chutes, c'est-à-dire les poids moteurs sont remontés au sommet de leur course, et est prête à fonctioner de retour sans intermittence dans le mouvement.

La 7ᵉ *compression* produit par le poids travailleur 2,400 kilogrammètres, force acquise à ce poids ; produit 1,867 kilogrammètres : rendement en tout 4,267 kilogrammèt. ou $56\,\frac{82}{100}$ de cheval vapeur, force acquise pour la compression qui suit.

8ᵉ *compression :* produit par le poids travailleur 2,400 kilogrammètres ; force acquise à ce poids, 5,120 kilogrammètres ; ensemble en tout 7,520 kilogrammètres ou $100\,\frac{15}{100}$ de cheval vapeur, force acquise pour la compression qui suit.

9e *compression* : produit ensemble 11,424 kilogrammètres ou 152 $\frac{20}{100}$ de cheval vapeur.

10e *compression* : 16,108 kilogrammètres où 289 $\frac{71}{100}$ de cheval vapeur.

11e *compression* : 21,729 kilogrammètres ou 289 $\frac{71}{100}$ de cheval vapeur. Ici un des poids moteurs est au bas de sa course ; il faut remonter la machine et dépenser encore du produit, puis voir le bénéfice de la 12e compression. Sortie, 10,125 kilogrammètres : reste comme force acquise pour la 12e compression 11,604 kilogrammètres, et faisons la compression qui suit.

12e *compression* : produit 16,324 kilogrammètres ou 217 $\frac{65}{100}$ de cheval vapeur. Autre sortie, 10,125 kilogrammètres ; reste comme bénéfice 6,199 kilogrammètres ou 82 $\frac{65}{100}$ de cheval, et la machine se trouve remontée pour autres six chutes ; rien encore de libre à la dépense.

13e *compression* : produit 9,838 kilogrammètres ou 131 $\frac{18}{100}$ de cheval vapeur.

14e *compression* : produit 14,205 kilogrammètres ou 189 $\frac{41}{100}$ de cheval vapeur.

15e *compression* : produit 19,446 kilogrammètres ou 259 $\frac{29}{100}$ de cheval vapeur.

16e *compression* : produit 25,735 kilogrammètres ou 343 $\frac{14}{100}$ de cheval vapeur.

17e *compression* : produit 33,282 kilogrammètres ou 443 $\frac{76}{100}$ de cheval vapeur. Ici une première sortie a lieu, soit 10,125 kilogrammètres ; reste, comme force acquise à la compression qui suit, 23,157 kilogrammètres.

18e *compression* : produit 30,188 kilogrammètres ou 402 $\frac{51}{100}$ de cheval vapeur. Autre sortie 10,125 kilogrammètres ; reste comme produit 20,063 kilogrammètres ou 267 $\frac{50}{100}$ de cheval vapeur, bénéfice acquis ; rien encore de libre à la dépense, seulement la machine est remontée pour autre six chutes.

19e *compression* : produit 26,475 kilogrammètres ou 353 $\frac{1}{163}$ de cheval vapeur.

20° *compression* : produit 34,170 kilogrammètres ou 455 $\frac{64}{100}$ de cheval vapeur.

24° *compression* : produit 43,404 kilogrammètres ou 578 $\frac{72}{100}$ de cheval vapeur.

22° *compression* : produit 54,484 kilogrammètres ou 726 $\frac{45}{100}$ de cheval vapeur.

23° *compression* : produit 67,780 kilogrammètres ou 903 $\frac{73}{100}$ de cheval vapeur. Ici une sortie a lieu de 10,125 kilogrammètres : reste , comme produit ou force acquise à la compression qui suit, 57,655 kilogrammètres ou 767 $\frac{46}{100}$ de cheval vapeur.

24° *compression* : produit 71,586 kilogrammètres ou 954 $\frac{48}{100}$ de cheval vapeur. Une autre sortie a lieu de 10,125 kilogrammètres ; reste comme produit 61,461 kilogrammètres ou 819 $\frac{48}{100}$ de cheval vapeur : puissance produite, accumulée par le nombre de compressions qui ont eu lieu, qui est dans le réservoir de la machine.

Voyons, maintenant, la force libre que nous pourrions dépenser à la 24° compression, sans toucher à celle qui est propre à la machine, qui fabrique continuellement, sans relâche, celle que nous pourrions dépenser à ce nombre de compression qui est de 24.

La 23° compression a produit net, après la sortie, 57,655 kilogrammètres, ce qui donne, pour la 24° compression, 61,461 kilogrammètres net après la sortie ; la machine est remontée pour autres six chutes. Cette dernière somme est produite nécessairement par la 23° compression ; la différence qui existe de cette dernière comme produit à la 24° compression, est donc un chiffre, une somme dont nous pouvons disposer, puisqu'en chargeant les soupapes de sûreté de la machine, pour cette dernière somme, nous l'aurons toujours à nous, sans que la puissance de fabrication ou de compression ne perde $\frac{1}{1000}$ $\frac{1}{10000}$ de sa valeur. Voyons la différence qui est de 3,806 kilogrammètres ou 50 $\frac{74}{100}$ de cheval vapeur, qui se fabriquent continuellement, sans relâche, je le répète. Que pouvez-vous objecter? rien, n'est-ce pas ? Voyons sous quelle

pression nous nous trouvons : 6 atmosphères $\frac{14}{100}$ d'atmosphère.

Continuons de faire marcher la machine ; nous sommes les maîtres, pouvant produire la puissance que nous voudrons.

25e *compression* : produit 76,153 kilogrammètres ou 1,015 $\frac{37}{100}$ de cheval vapeur.

26e *compression* : produit 93,783 kilogrammètres ou 1,250 $\frac{14}{100}$ de cheval vapeur.

27e *compression* : produit 114,939 kilogrammètres ou 1532, $\frac{52}{100}$ de cheval vapeur.

28e *compression* : produit 140,326 kilogrammètres ou 1,871 $\frac{1}{100}$ de cheval vapeur.

29e *compression* : produit 170,791 kilogrammètres ou 2,277 $\frac{21}{100}$ de cheval vapeur ; ici une sortie a lieu de 10,125 kilogrammètres, reste 160,666 kilogrammètres.

30e *compression* : produit 195,199 kilogrammètres ou 2,602 $\frac{65}{100}$ de cheval vapeur ; autre sortie, 10,125 killogrmmètres : reste comme produit 185,074 kilogrammètres. Voyons ce que nous avons de libre à la dépense : 160,666 kilogrammètres ont produit 185,074 kilogrammètres ; différence des deux produits 24,408 kilogrammètres libres à la dépense ou 325 $\frac{44}{100}$ de cheval vapeur, sous une pression de 18 atmosphères $\frac{50}{100}$ d'atmosphère.

31e *compression* : produit 224,448 kilogrammètres ou 2,993 $\frac{30}{100}$ de cheval vapeur.

32e *compression* : produit 274,785 kilogrammètres ou 3,623 $\frac{80}{100}$ de cheval vapeur.

33e *compression* : produit 329,542 kilogrammètres ou 4,393 $\frac{89}{100}$ de cheval vapeur.

34e *compression* : produit 397,830 kilogrammètres ou 5,304 $\frac{66}{100}$ de cheval vapeur.

35e *compression* : produit 479,820 kilogrammètres ou 6,397 $\frac{60}{100}$ de cheval vapeur ; ici une sortie a lieu de 10,125 kilogrammètres : reste au produit 469,695 kilogrammètres.

36e *compression* : produit 566,034 kilogrammètres ou 7,547 $\frac{12}{100}$ de cheval vapeur ; autre sortie de 10,125 kilogrammètres; reste au produit 555,909 kilogrammètres, libre à la dépense 86,214 kilogrammètres ou 1,149 $\frac{52}{100}$ de cheval vapeur, sous une pression de 55 atmosphères $\frac{18}{100}$ d'atmosphère.

37ᵉ *compression* : produit 669,490 kilogrammètres ou 8,926 $\frac{53}{100}$ de cheval vapeur.

38ᵉ *compression* : produit 805,788 kilogrammètres ou 10,743 $\frac{73}{100}$ de cheval vapeur.

39ᵉ *compression* : produit 969,345 kilogrammètres ou 12,924 $\frac{60}{100}$ de cheval vapeur.

40ᵉ *compression* : produit 1,165,644 kilogrammètres ou 15,544 $\frac{52}{100}$ de cheval vapeur.

41ᵉ *compression* : produit 1,401,136 kilogrammètres ou 18,681 $\frac{81}{100}$ de cheval vapeur; sortie de 10,125 kilogrammètres: reste comme produit 1,391,011 kilogrammètres, force acquise pour la compression qui suit.

42ᵉ *compression* : produit 1,671,613 kilogrammètres ou 22,288 $\frac{17}{100}$ de cheval vapeur; sortie de 10,125 kilogrammètres: reste comme produit 1,661,488 kilogrammètres; force libre à la dépense 270,477 kilogrammètres ou 3,606 $\frac{36}{100}$ de cheval vapeur, sous une pression de 167 $\frac{40}{100}$ d'atmosphère.

Si j'ai poussé si loin le rendement ci-dessus ou ci-avant, c'est pour vous démontrer que nous sommes illimités comme puissance; réduits à l'épaisseur du métal à pouvoir supporter les pressions indiquées comme je vous l'ai dit. Eh bien! ce rendement exact, incontestable, n'est pas encore entier; et ces puissances effrayantes créées par mes combinaisons mécaniques et mathématiques, il vous semble que nous en avons beaucoup plus qu'il nous en faut : c'est une erreur, ce que je vais vous démontrer à la suite, ne pouvant traiter trente-six sujets à la fois.

Je donne succinctement un aperçu du volume de la machine (jusqu'à présent je vous ai démontré la réalité; plus loin, réalités et merveilles se donneront la main; de la patience, je vous prie, le sujet en vaut la peine). Tout ce que je viens de vous démontrer est monstre comme résultat, c'est bénin et petit comme volume. Figurez-vous une longueur de 7,50 à 8 mètres sur 1 mètre 50 cent. de largeur, et un poids total de cette monstruosité de 31 à 32 tonnes; c'est le cas de dire : Sapristi!!! une coquille de noix vis-à-vis du volume qu'il faudrait pour une machine à vapeur pour produire pareille puissance.

Pour en donner une idée, je donne encore succintement un aperçu d'une vapeur à aubes connues, qui donne la force motrice à un de nos navires, construite en Angleterre, de la force nominative de 900 chevaux. Espace en longueur de la machine 21 mètres 21 centimètres. Diamètre des cylindres 2 mètres 615 millimètres. Course des pistons 2 mètres 745 millimètres, etc. La plaque de fondation 9 mètres 150 millimètres. Distance des axes des balanciers 3 mètres 430 millimètres. Hauteur de l'arbre des roues 6 mètres 938 millimètres, etc., etc. Largeur de la chambre de chauffe 3 mètres 66 centimètres, etc. : au poids total de 1,100 tonnes.

Que diable! je puis rire et être satisfait de mon travail, qui est encore bien plus considérable que vous ne le supposez; si mon naturel est triste, permettez-moi à l'occasion de rire de petitesses dont mon œuvre fera justice. J'imagine en ma simplicité que certains savants se seront trop avancés, et je serai assurément bien excusable de rire de leurs déceptions.

Du rendement d'une machine, ne laissant pas subsister l'effet $x.x.$, et marchant sans force première dans le petit réservoir.

Comme je viens de le démontrer, nous avons marché avec les difficultés créées par les combinaisons de cette machine; je vais les corriger afin que nous marchions autrement.

Je vous ai fait observer ci-devant l'effet $x.x.$, etc., etc.

Je regrette encore de sauter deux belles pages ; vous ne pouvez m'en vouloir, vous ayant dit pourquoi.

Et maintenant voyons le rendement d'une machine, l'effet
$x.x.$ étant corrigé par les principes que je donne.

Poids travailleurs 3,000 kilogrammes ; poids moteurs 5,525
kilos ; chute 1 mètre 20 centimètres ; nombre de chutes 6 ;
sorties à la 5° et 6° compression 96 $\frac{79}{100}$ de cheval vapeur chaque, sans force première dans le petit réservoir, les frottements ou résistances passives à déduire du rendement du
produit de la machine ou de la chute du poids travailleur ;
frottements descendants 7 chevaux ; ceux ascendants sont
vaincus par les poids moteurs et les sorties, comme il a été
dit.

1re *compression* : produit 48 chevaux vapeur ; 7 chevaux
à retrancher comme frottements descendants : produit net
41 chevaux vapeur, rentrés dans le réservoir, force acquise
pour la 2° compression.

Si je donne des chevaux au lieu de kilogrammètres, c'est
pour avoir des chiffres moins forts ; du reste, tout le monde
sait qu'un cheval vapeur représente 75 kilogrammètres,
c'est-à-dire une puissance comprimée de n'importe quel gaz,
capable par sa force élastique ou de dilatation d'enlever un
poids de 75 kilogrammes à la hauteur de un mètre à la seconde.

La 1re *compression* nous a donné 41 chevaux, force acquise
pour la compression qui suit.

2° *compression* : 49 $\frac{20}{100}$ de cheval vapeur, que produit la
force acquise au poids par la 1re compression, et 41 chevaux
que donne la chute du poids de 3,000 kilogrammes : ensemble,
produit de cette compression 90 $\frac{20}{100}$ de cheval, force acquise
pour la compression qui suit.

3° *compression* : produit de la force acquise au poids 108 $\frac{24}{100}$
de cheval et 41 chevaux que donne la chute du poids ; ensemble produit 149 $\frac{24}{100}$ de cheval, force acquise au poids pour la
compression qui suit.

4° *compression* : produit de la force acquise au poids

179 $\frac{8}{100}$ de cheval, et 44 chevaux que donne le poids : ensemble 220 $\frac{8}{100}$ de cheval, force acquise au poids pour la compression qui suit.

5ᵉ *compression :* produit ensemble 305 $\frac{9}{100}$ de cheval. Ici un des poids moteurs est au bas de sa course ; pour le remonter à son point de départ, nous avons à dépenser de la force accumulée par les cinq compressions qui viennent d'avoir lieu 88 $\frac{32}{100}$ de cheval vapeur, force qu'il faut pour monter le poids moteur au sommet de sa course, plus 8 $\frac{40}{100}$ de cheval vapeur pour frottements ascendants et remonter les x. de x. en x. : ensemble 96 $\frac{72}{100}$ de cheval vapeur, dépense de cette première sortie ; reste 208 $\frac{30}{100}$ de cheval, force acquise pour la compression qui suit.

6ᵉ *compression :* ensemble produit 290 $\frac{26}{100}$ de cheval. Une autre sortie a lieu pour remonter l'autre poids moteur au sommet de sa course ; dépense 96 $\frac{72}{100}$ de cheval ; reste 194 $\frac{17}{100}$ de cheval vapeur ; bénéfice des six compressions qui ont eu lieu, et force acquise au poids travailleur pour la 7ᵉ compression, sans intermittence dans le mouvement, et rien encore de libre à la dépense, puisque 208 $\frac{30}{100}$ de cheval n'ont produit que 194 $\frac{17}{100}$ de cheval, force acquise qui va se multiplier et nous laisser à la 12° compression une première puissance ou force, libre à la dépense, outre celle qui est propre à la machine, qui ne doit pas en sortir, mais se renouveler constamment.

7ᵉ *compression :* produit 274 chevaux ensemble.

8ᵉ *compression :* produit 369 $\frac{8}{100}$ de cheval.

9ᵉ *compression :* produit 484 $\frac{76}{100}$ de cheval.

10ᵉ *compression :* produit 622 $\frac{71}{100}$ de cheval.

11ᵉ *compression :* produit 788 $\frac{25}{100}$ de cheval.

Ici une sortie a lieu pour remonter un des poids moteurs, 96 $\frac{72}{100}$ de cheval vapeur ; reste 691 $\frac{46}{100}$ de cheval vapeur, force accumulée ou acquise pour la 12ᵉ compression.

12ᵉ *compression :* produit 870 $\frac{75}{100}$ de cheval ; une autre sortie a lieu pour remonter l'autre poids moteur, soit 96 $\frac{72}{100}$ de cheval vapeur : reste 773 $\frac{96}{100}$ de cheval. Voyons maintenant la force libre que nous pouvons avoir à la dépense, outre celle qui est propre à la machine que nous ne devons toucher et qui doit fabriquer sans relâche ou sans intermittence celle que nous pouvons dépenser comme travail utile en dehors des effets produits par la machine.

Remarquez bien ceci : quel est le chiffre qui a produit 773 $\frac{96}{100}$ de cheval à la 12ᵉ compression?

C'est nécessairement le reste de la 11ᵉ compression, qui est de 691 $\frac{46}{100}$ de cheval; la différence de ce dernier chiffre au premier est un produit libre dont nous pouvons disposer à notre volonté, puisque en chargeant les soupapes de sûreté au chiffre de 773 $\frac{96}{100}$ de cheval, vous aurez à vous la dépense; cette différence qui est de 82 $\frac{50}{100}$ de cheval vapeur. Voilà donc la force libre que nous avons à la 12ᵉ compression. Voyons maintenant sous quelle pression nous nous trouvons : nous sommes sous 5 $\frac{80}{100}$ d'atmosphère.

Poursuivons la mise en train de la machine et laissons-la marcher jusqu'à la 24ᵉ compression, afin que nous voyons la force libre qu'elle pourra nous laisser à ce nombre de compressions pour la dépense.

13ᵉ compression : produit   969 $\frac{75}{100}$ de cheval.

14ᵉ compression : produit 1,204 $\frac{70}{100}$ de cheval.

15ᵉ compression : produit 1,486 $\frac{64}{100}$ de cheval.

16ᵉ compression : produit 1,824 $\frac{96}{100}$ de cheval.

17ᵉ compression : produit 2,230 $\frac{95}{100}$ de cheval. Ici une sortie a lieu, soit 96 $\frac{70}{100}$ de cheval, reste 2,134 $\frac{16}{100}$ de cheval.

18ᵉ compression : produit 2,604 $\frac{99}{100}$ de cheval; une autre sortie a lieu, soit 96 $\frac{70}{100}$ de cheval: reste 2,505 $\frac{20}{100}$ de cheval.

Voyons ce que nous avons comme force libre à la dépense : différence des produits de la 17ᵉ compression qui a fait la 18ᵉ, soit 391 $\frac{4}{100}$ de cheval vapeur, charge des soupapes de sûreté sous une pression de 18 $\frac{78}{100}$ d'atmosphère.

19ᵉ compression : produit 3,047 $\frac{14}{100}$ de cheval.

20ᵉ compression : produit 3,697 $\frac{68}{100}$ de cheval.

21ᵉ compression : produit 4,478 $\frac{21}{100}$ de cheval.

22ᵉ compression : produit 5,414 $\frac{85}{100}$ de cheval.

23° *compression* : produit 6,538 $\frac{82}{100}$ de cheval. Ici une sortie a lieu pour remonter un des poids moteur avec ses accessoires, soit 96 $\frac{79}{100}$: reste 6,442 $\frac{3}{100}$ de cheval vapeur.

24° *compression* : produit 7,771 $\frac{43}{100}$ de cheval. Sortie pour remonter l'autre poids moteur, 96 $\frac{79}{100}$: reste 7,674 $\frac{64}{100}$ de cheval vapeur ; force libre à la dépense 1,232 $\frac{61}{100}$ de cheval vapeur ; charge des soupapes de sûreté sous une pression de 57 $\frac{55}{100}$ d'atmosphère.

Ne vous effrayez pas à l'avance de ces pressions énormes ; à la suite, vous verrez qu'elles ne sont supportées que par certain petit réservoir, dont le volume est de 0 mètre 50 centimètres cubes dans œuvre : cylindres affectés à la fabrication de la force, tandis que, à la dépense, nous marcherons sous des pressions plus basses à notre volonté. Là où les machines sont vos esclaves soumises, je vous ferai pénétrer dans leurs entrailles : ce que l'on n'a jamais pu obtenir avec les machines à vapeur, ce que vous verrez ci-après, ne pouvant traiter les sujets qui composent les combinaisons de l'œuvre, que l'un après l'autre.

Les rendements des machines moins puissantes ou plus puissantes sont toujours les mêmes.

Les nombres de chutes peuvent varier de quatre à douze et même plus si l'on veut, selon l'emploi et selon l'idée de ceux qui emploieront le nouveau moteur ; aussi je ne donne pas de ces chiffres qui suivent des proportions en raison de la différence des poids travailleurs ou moteurs qui varient de 400 kilogrammes à 10,000 kilogrammes, afin de ne pas brouiller un travail neuf qui, pour être compris et saisi, demande toute la détente de l'intelligence.

Pour embrasser d'un seul coup d'œil tout l'ensemble de ce gigantesque travail, il faut de la bonne volonté et de la compétence en ces matières, afin que l'intérêt et le goût stimulés par de nouvelles combinaisons aussi simples que grandes dominent l'insouciance habituelle que chaque auteur insinue, lorsqu'il s'attaque à des faits réputés impossibles, moralement et matériellement.

Aussi je vais vous démontrer la manipulation de l'air, établie par mes combinaisons mécaniques et mathématiques, dont le raisonnement simple, sans emphase, ne peut choquer le bon sens ; par conséquent, il est à la portée de tous, c'est-à-dire de tous ceux qui ont un peu de connaissance dans les sciences avec un peu d'intelligence ; car il n'en faut pas beaucoup pour me comprendre, cherchant surtout à être excessivement clair et simple dans mes démonstrations, soit physiques, soit les conceptions morales, ou autrement dit, établies par l'imagination.

Je demande donc un peu et beaucoup d'attention dans les faits que je vais développer, qui, quoique présentés le plus simplement possible, sont excessivement sérieux et d'une logique incontestable.

* * *

De la compression de l'air, le même volume sous plusieurs pressions, suivi d'autres données sur le même sujet.

La loi de progression existe dans les effets obtenus que je démontre ; le volume d'air à comprimer est le même depuis la 1re compression, c'est-à-dire depuis la 3e compression, ce que l'on verra ci-après, jusqu'à la dernière. La force de compression augmente en raison de mes principes, c'est-à-dire l'air se trouve comprimé d'un volume de tant à tel volume ; progressivement, sa force élastique ou de dilatation a été conduite au chiffre que nous avons imposé, puisque c'est nous qui commandons et non pas la machine ; c'est précisément cette loi de progression qui nous donne une force libre à la dépense, outre celle qui est propre à la machine, qui ne doit pas en sortir, mais se renouveler constamment, comme il a été dit.

Si, avec 200 chevaux vapeur, vous comprimez 10 mètres cubes d'air naturel, il vous donnera une force égale à la force de compression : seulement les moyens d'actions changent de volume; par conséquent, la somme des frottements sera augmentée par rapport au volume que vous serez obligé d'employer comme mécanisme. Si, avec cette même force, vous ne comprimez que 2 mètres cubes au lieu de 10, le résultat sera le même; seulement les moyens d'action diminueront d'autant et la somme des frottements suivra la proportion. Mais il faut faire attention à ceci : si vous prenez un cylindre qui cube 1 mètre, un autre qui cube 0 mètre 50 centimètres cubes; —laissons les dimensions de côté, comme course de pistons, etc. (toujours pour démontrer), — nous sommes sous la même pression de dix atmosphères : la détente de l'air comprimé sous même pression vous donnera, logiquement parlant, dans le cylindre de 1 mètre, une détente ou force élastique ou de dilatation, une puissance double du cylindre de 0 mètre 50 centimètres cubes, puisque l'effort est double.

Mais si, dans le cylindre de 0 mètre 50 centimètres cubes, nous marchons sous une pression de vingt atmosphères, sous un volume moitié moindre les puissances s'égalisent et donnent une même force de détente ou de dilatation.

Ces comparaisons simples que j'établis sont pour démontrer que, comme volume, nous serons ce que nous voudrons, n'étant limité qu'aux parois des réservoirs, cylindres de la machine, à pouvoir supporter les pressions indiquées.

Le volume d'air soumis à la compression doit être en raison du volume de la force qui le comprime, c'est-à-dire que l'air comprimé, donnant une force égale à la force de compression, doit suivre comme proportion le volume de la machine, puisque, pour la puissance, le volume le plus petit au plus grand, la force se trouve seulement subordonnée à l'épaisseur du métal à pouvoir supporter les puissances indiquées.

L'air sous dix atmosphères dans un réservoir de 20 mètres cubes comme contenance, sa puissance de dilatation sera la même que dans un réservoir de 5 mètres cubes; sous la même pression, il faudra donc la même épaisseur ou force des parois des réservoirs pour équilibrer une même pression. Si, dans ces mêmes cubes, vous mettez l'air sous une pression de vingt atmosphères en plus, il est certain que vous aurez triplé la puissance de dilatation sans que le volume soit augmenté.

L'air comprimé au repos dans un réservoir est continuellement en mouvement; de cet effet, il se produit une certaine chaleur qui a pour cause d'augmenter la pression ou la dilatation ou la force élastique. Les machines étant munies de soupapes de sûreté, il n'y a pas d'accidents à craindre de ce côté.

L'air comprimé sortant des cylindres, après avoir produit son action, apparaîtra à la vue couleur bleu de ciel. Si l'échappatoire se trouve un peu trop étroit, vous percevrez ou vous entendrez un bruit comme une explosion, celui du crèvevessie; et la violence avec laquelle il se débandera à la sortie des cylindres, apparaîtra à la vue produisant un jet de flammes qui sera produit par le frottement des petites poussières solides que l'air rencontre ou qu'il emporte avec lui. On sait que, dans un air très-pur, il n'y a plus de flamme. Pour obvier à ces inconvénients, il faudra faire les ouvertures par où l'air s'échappe dans l'atmosphère, d'une manière évasée, étroites intérieurement et larges extérieurement sur une longueur donnée.

De la pression d'un cheval libre à la dépense qu'elle fait subir aux réservoirs, cylindres, etc.

Pour qu'un cheval soit libre à la dépense, les réservoirs, cylindres de la machine, seront sous des pressions qui varieront selon le chiffre de la force motrice, qui sera mise comme dépense de la machine. Dans les forts chiffres à la dépense, les machines seront sous une pression moindre, comparativement aux chiffres, que dans les petites forces, comme je vais le démontrer. En atmosphères, nous serons sous une pression plus forte dans les puissances élevées que dans les petites, quoique le nombre de chevaux soit plus élevé dans les basses dépenses.

Cela se conçoit ainsi : pour arriver aux fortes dépenses, nous sommes sous un plus grand nombre de compression ; l'air a été comprimé d'un volume de tant à tel volume progressivement, c'est-à-dire de 1/2, 1/3, 1/4, 1/5, à 1/40, etc., de son volume premier et d'après les lois de Mariotte, Delaunay, etc. ; nous sommes sous une pression de 2, 3, 4, 5, 40 atmosphères, etc., ce qui fait sa puissance de dilatation ou sa force élastique.

Dans les grandes puissances, chaque cheval libre à la dépense, sera sous une pression de 5 à 7 chevaux, dans les chiffres de 200 à 350 chevaux à la dépense.

Dans les chiffres de 40 à 200 chevaux à la dépense, sous une pression de 7 à 12 chevaux chaque cheval.

Dans les chiffres de 5 à 40 chevaux à la dépense, sous une pression de 12 à 50 chevaux,, chaque cheval, et dans les chiffres de 1, 2, 3, 4 chevaux, moitié, au tiers. au quart de la force produite, pour avoir ces chiffres nets à la dépense.

Comme exemple, et prouver ce que je dis ci-dessus, je donne en atmosphères les pressions subies par les réservoirs, cylindres de la machine.

4 chevaux libre à la dépense sous une pression de 3 $\frac{40}{100}$ d'atmosphères.

79 cheveaux libre à la dépense, sous une pression de 6 $\frac{62}{100}$ d'atmosphères.

209 chevaux libre à la dépense, sous une pression dé 12 $\frac{60}{100}$ d'atmosphères. 594 chevaux libres à la dépense, sous une pression de 25 $\frac{68}{100}$ d'atmosphère.

Ceci est le résultat de machines à quatres chutes comparés: dont le poids travailleur est de 3,000 kilos et le poids moteur, de 7,250 kilos.

Màis! il faut observer un fait : que plus le nombre de chute est fort, plus l'accumulation est forte ; par conséquent, les sorties étant moins fréquentes, laissent à l'accumulation de la force des chiffres plus élevées, sous un nombre moins grand de compression que les machines à quatre chutes, au lieu de six ou huit, etc. ; donc ! la multiplication du rendement de ces dernières, quoique les sorties étant beaucoup plus fortes laisse quand même un produit plus élevé comme accumulation que celle à quatre chutes, dont les sorties sont le double fréquentes de celles à huit chutes.

Je donne ci-après succinctement le rendement d'une machine à 4 chutes, au lieu de 6 ; pour démontrer qu'agissant avec des poids beaucoup plus faibles, nous arrivons à des puissances extraordinaires, sous un tout petit volume et comme poids de même.

Poids travailleurs 500 kilogrammes, poids moteurs 800 kilogrammes, chutes 1 mètre 20 cent., sorties 16 chevaux chaque ; l'effet x n'existant pas.

4e *compression* : rien de libre à la dépense, comme produit après lés sorties 7 $\frac{74}{100}$ de cheval.

8e *compression* : rien à la dépense. produit 22 $\frac{32}{100}$ de cheval.

12e *compression* : libre à la dépense, produit 2 $\frac{38}{100}$ de cheval.

16e *comrression* : libre à la dépense, 13 $\frac{28}{100}$ de cheval.

20e *compression* : iibre à la dépense, 35 $\frac{99}{100}$ de cheval.

24e *compression* : libre à la dépense, 83 $\frac{8}{100}$ de cheval.

28e *compression* : libre à la déqense, 180 $\frac{74}{100}$ de cheval.

32e *compression* : libre à la dépense, 383 $\frac{18}{100}$ de c2eval, sous une pression de 17 $\frac{662}{1000}$ d'atmosphères.

Le poids total de cette machine sera de 6 tonnes, 6000 kilogrammes, laissant subsister l'effet $x.\ x.$ de 8 à 9 tonnes ou de 8000 à 9000 kilos.

Il est bien entendu que lorsque ces machines dépasseront en puissance la propre force de leur poids, elles devront être scellées au sol ou avec le lieu, ou elles fonctionneront, sans cela, manquant d'adhérence, c'est-à-dire étant plus légères que la force produite par elles ; elles pourraient changer de place et s'amuser à sauter, ce qui pourrait occasionner de graves accidents.

Des machines à vapeur comparées au nouveau système.

Les machines à vapeur ne peuvent dépasser une certaine somme ou nombre d'atmosphères, étant limitées à une surface de chauffe : vous les chaufferiez à faire fondre les chaudières que vous ne pourriez dépasser un certain chiffre. C'est pour cela que, pour arriver aux fortes puissances, on est obligé d'avoir recours au fort volume et de donner telle dimension aux chaudières pour produire un certain volume de vapeur, ainsi qu'aux cylindres moteurs des machines, pour pouvoir acquérir un certain cube afin de donner plus de détente à la force élastique ou de dilatation à un certain volume de vapeur, pour atteindre un chiffre donné. De là ces immenses cylindres, que, dans les puissances de 500 à 1,000 chevaux vapeur, on est obligé d'employer pour avoir un effort égal à ces puissances.

Les machines à air comprimé sont illimitées comme puissance, par cette raison que l'air comprimé d'un tel volume à tel volume vous donne une puissance déterminée ; ce même volume comprimé encore à tel volume, c'est-a-dire encore plus restreint, double sa puissance d'autant comme force élastique ou de dilatation.

Sa détente peut être conduite ainsi à une puissance incroyable sous un tout petit volume.

On sait par l'expérience que l'air comprimé sous 8 ou 10 atmosphères peut lancer un projectile avec la même vitesse que la poudre ; si sous 10 atmosphères il y a cette puissance, sous 40 atmosphères à égal volume il aura 4 fois la puissance de la poudre ; il lancera donc le projectile avec 4 fois plus de vitesse ou de force ; par conséquent, il devra atteindre un but 4 fois plus éloigné. Si je suis sorti de mon sujet, c'est pour vous dire que je traiterai ce sujet spécialement dans les diverses nouvelles applications de la machine dite à air comprimé. Ce qui fait que, sous le rapport du volume, nous serons ce que nous voudrons, n'étant limités qu'à l'épaisseur des parois des réservoirs et cylindres à pouvoir supporter les pressions indiquées.

Comme poids total des machines dans les fortes puissances, nous serons comme chiffre en dessous de celles à vapeur, dans les forces de 1,000 chevaux 34 fois plus léger comme chiffre, c'est-à-dire 1,000 chevaux vapeur pèsent généralement de 1,100 à 1,200 tonnes ; à chiffres égaux comme puissance, nous pèserons 30 à 32 tonnes. Comme vous le voyez, différence énorme en tout, en économie, en agrément, en salubrité, apportée par le nouveau système.

De la compression de l'air par les combinaisons de la machine.

Pour savoir sous quel volume, l'air comprimé sort des pompes de compression, pour passer dans les réservoirs cela est fort simple à établir, sachant la résistance donnée des ressorts qui maintiennent les soupapes qui mettent en communication les compresseurs avec les réservoirs.

Ainsi admettons que leur résistance fasse équilibre à une pression de cinq atmosphères : sachant que les pistons arrivés à 1/5 de leur course, l'air comprimé par eux se trouve sous une pression de cinq atmosphères ; la résistance fait donc équilibre, étant au même chiffre ; les pistons continuant à descendre rompent nécessairement cet équilibre : l'air comprimé à cinq atmosphères, passe à cinq atmosphères 1/2 : les soupapes s'ouvrent et laissent passer l'air comprimé des pompes de compression dans les réservoirs : voilà pour la première compression.

Pour la deuxième compression, il faut tenir compte, outre la résistance des ressorts, de la résistance de l'air comprimé resté dans le premier réservoir de la machine, après avoir donné toute sa détente ou toute sa force élastique de la première pour la deuxième compression ; car il faut remarquer que prenant toute sa puissance élastique, il en reste toujours une certaine partie dans le réservoir : en admettant qu'il en reste 1/5, vous aurez le 1/5 de 5 1/2 à ajouter à cinq atmosphères, résistance des ressorts. Pour la deuxième compression les soupapes seront en équilibre avec la résistance à une pression de $6\frac{10}{100}$ d'atmosphère et elles s'ouvriront à $6\frac{60}{100}$ d'atmosphère.

Pour la troisième compression, outre l'air comprimé resté dans le réservoir, il faut tenir compte de l'aspiration, qui elle-même comprime à un certain degré l'air aspiré, selon que l'aspiration est plus ou moins forte, puis plus ou moins lente ; c'est pour cela qu'il faut lui donner un certain laps de temps qui doit varier entre deux, trois ou quatre secondes, tandis que la compression a lieu en 1/2 seconde et même moins, la machine étant à la troisième, quatrième compression etc., sachant qu'un poids parcourt, étant libre, 9 mètres 80 centimètres à la seconde, tandis que les poids travailleurs de la machine sont précipités au bas de leur chute par la force en air comprimé déjà créée par eux.

La pression créée par l'aspiration peut varier entre 1, 1/2 1/3, 1/4 d'atmosphère et plus, comme je l'ai déjà dit, selon que l'aspiration sera plus ou moins lente, avec une force plus ou moins grande. Comme vous le voyez, nous ne comprimons plus de l'air à l'état libre, nous comprimons de l'air déjà réduit de son volume primitif.

Pour savoir le volume sous lequel l'air comprimé passe des compresseurs dans les réservoirs, connaissant le diamètre des pompes de compression et la course des pistons de haut en bas, on prendra le cube des volumes d'air comprimé passant dans les réservoirs ainsi de telles à telles atmosphères.

Pour la 1° compression, vous savez que les ressorts qui maintiennent les soupapes font équilibre à une pression de cinq atmosphères et que celles-ci s'ouvrent à 5 $\frac{50}{100}$ d'atmosphères ; en prenant le 1/5 $\frac{50}{100}$ des cylindres compresseurs, vous aurez le cube comme volume d'air comprimé, passé dans le réservoir à la 1° compression.

Pour la 1° compression, ce calcul est fort juste ; mais il cesse de l'être, une fois celle-ci faite, et voici pourquoi : vous savez qu'à chaque compression, quoique prenant toute la détente de la force élastique de l'air comprimé contenu dans le réservoir pour la seconde compression, il en reste toujours une certaine partie ; nous avons pris le 1/5 de ces puissances pour reste dans le réservoir, qui s'ajoute à chaque compression à la résistance des ressorts. Ces restes, en s'accumulant, produisent différentes puissances comme résistance : ces résistances, changeant de chiffres, ne changent pas de volume. On sait que le trop-plein des petits réservoirs se déverse dans les grands ; mais il reste toujours le volume des petits réservoirs, ou leurs contenances. Les puissances de compression s'additionnent ou se multiplient ; les volumes de résistance ou les chiffres de résistance, arrivant à un certain degré, doivent aussi s'ajouter ou s'additionner : cela se conçoit ainsi à la 1° compression, le réservoir est sans air comprimé ; mais à la 3°, il n'en est plus de même ; s'il vous reste un certain nombre d'atmosphères dans le réservoir comme résistance, il est très-juste que ces atmosphères s'ajoutent à celles qui vont rentrer, comme volume d'air comprimé à chaque compression, de sorte qu'ayant un volume par les cylindres compresseurs, vous avez un autre volume par le reste, considéré comme résistance jointe aux ressorts qui laissent communiquer ces derniers avec les réservoirs.

Donc, le volume à prendre est celui du petit réservoir arrivé dans les 20 compressions, comme l'on verra ci-après.

Ce même volume, dépassant comme puissance la charge des soupapes des petits réservoirs, se déverse dans les grands; les grands étant remplis sous une pression égale à celle des petits, les volumes rentrants, excédant la puissance déterminée, passent à l'air libre par les soupapes de sureté des grands réservoirs.

Mais voyons ! Passons de la 1ᵉ compression à la 2ᵉ : pour celle-ci, vous aurez comme résistance à ajouter aux ressorts 1 $\frac{10}{100}$ d'atmosphères, resté dans le réservoir comme nous l'avons dit : à 6 $\frac{10}{100}$ d'atmosphère, il y aura équilibre de la puissance de compression et de la résistance des ressorts, aidé par le reste en air comprimé s'ajoutant à la rentrée ; les pistons compresseurs, poursuivant leur course, rompent l'équilibre, et les soupapes s'ouvrent à 6 $\frac{60}{100}$ d'atmosphère.

3ᵉ *compression :* à celle-ci, l'aspiration a eu lieu : tandis que les deux premières ont agi sur l'air libre ; les poids travailleurs se trouvent au sommet de leur course, dès la mise en train de la machine : en considération de l'aspiration, agissant sur de l'air ayant déjà subi une certaine compression, les soupapes ne s'ouvriront plus à telle ou telle course des pistons compresseurs, comme pour les premières; nous admettrons ou nous supposerons pour le moment une 1/2 atmosphère en plus, comme puissance de compression acquise à celle qui suit.

Il est à remarquer que les atmosphères restant dans le réservoir, considérées comme résistance à la compression, s'additionnent à la rentrée ; que toutes ces atmosphères ont bien la puissance de leur chiffres : par conséquent, il faut que la puissance de compression ou la rentrée soit plus puissante que la résistance, pour que la puissance de compression oblige la résistance à la compression à s'additionner à elle en multipliant la puissance de compression pour celle qui suit.

Si le petit réservoir n'était pas d'une proportion en rapport avec les premières compressions, il y aurait déperdition de force bien entendu, par rapport à la dilatation.

Je donne un tableau des résistances à la compression, c'est-à-dire de l'air comprimé restant dans le petit réservoir, après avoir donné toute sa détente ou force élastique à la compression, qui s'ajoute à la résistance des ressorts qui maintiennent les soupapes de communication des pompes de compression avec les réservoirs ; plus, en regard, un tableau des puissances de compression jusqu'à la 20ᵉ compression :

NOMBRE de COMPRESSIONS.	RÉSISTANCE à la COMPRESSION.		RESSORTS.	NOMBRE de COMPRESSIONS.	PUISSANCE de COMPRESSION.	
1re	0	atmosphère ajouter à	5	2^e	5 $\frac{50}{100}$	d'atmosphères
2^e	1 $\frac{10}{100}$	id.	5	3^e	12 $\frac{10}{100}$	id.
3^e	2 $\frac{42}{100}$	id.	5	4^e	20 $\frac{2}{100}$	id.
4^e	4 $\frac{4}{1000}$	id.	5	5^e	29 $\frac{52}{100}$	id,
5^e	5 $\frac{904}{1000}$	id.	5	6^e	40 $\frac{92}{100}$	id.
6^e	8 $\frac{184}{1000}$	id.	5	7^e	54 $\frac{60}{100}$	id.
7^e	10 $\frac{92}{100}$	id.	5	8^e	71 $\frac{2}{100}$	id.
8^e	14 $\frac{204}{1000}$	id.	5	9^e	90 $\frac{72}{100}$	id.
9^e	18 $\frac{144}{2000}$	id.	5	10^e	115 $\frac{64}{100}$	id.
10^e	22 $\frac{728}{1000}$	id.	5	11^e	141 $\frac{86}{100}$	id.
11^e	28 $\frac{372}{1000}$	id.	5	12^e	175 $\frac{73}{100}$	id.
12^e	35 $\frac{146}{1000}$	id.	5	13^e	216 $\frac{37}{100}$	id.
13^e	45 $\frac{274}{1000}$	id.	5	14^e	245 $\frac{14}{100}$	id.
14^e	49 $\frac{28}{1000}$	id.	5	15^e	299 $\frac{66}{100}$	id.
15^e	59 $\frac{932}{1000}$	id.	5	16^e	365 $\frac{9}{100}$	id.
16^e	75 $\frac{18}{1000}$	id.	5	17^e	443 $\frac{60}{100}$	id.
17^e	88 $\frac{72}{100}$	id.	5	18^e	557 $\frac{82}{100}$	id.
18^e	107 $\frac{564}{1000}$	id.	5	19^e	650 $\frac{88}{100}$	id.
19^e	130 $\frac{176}{1000}$	id.	5	20^e	786 $\frac{51}{100}$	id.

Il est bien entendu que cette progression va plus vite que celle faite par la machine, vu que nous avons omis de faire les sorties à dessein, c'est à seule fin de démontrer que l'on ne doit plus compter le volume d'air comprimé à chaque compression par l'ouverture des soupapes, à telle ou telle course des pistons compresseurs.

Nous avons supposé une résistance de cinq atmosphères aux ressorts qui maintiennent les soupapes, comme vous verrez ci-après, leur résistance sera de 1/4, 1/3 ou 1/2 atmosphère. Mais, pour démontrer la manipulation de l'air par la machine, j'ai pris des chiffres, parceque les chiffres ont un langage clair et précis. Un inventeur doit, surtout pour une découverte réputée impossible partout et par tous, ne faire grâce de rien pour établir ce qu'il a créé.

La puissance etant de beaucoup plus forte que la résistance, les soupapes s'ouvrent aussitôt que la force de l'air comprimé égale la résistance.

Alors la compression a lieu, non-seulement dans les pompes de compression, mais aussi dans le petit réservoir ; et l'air comprimé, dépassant en puissance la charge des soupapes du petit réservoir, les ouvre, et l'excédant se déverse dans les grands réservoirs pour la dépense de la force motrice de la machine.

Les pistons des compresseurs, arrivés au bas de leur course, les soupapes des compresseurs sont fermées aussitôt par la force de l'air comprimé par eux et remontent au sommet de leur course, en aspirant l'air pour la compression qui va suivre, etc. Donc, arrivé à ces nombres de compression, vous devez compter comme volume d'air comprimé à chaque compression, le cube des petits réservoirs et une somme encore en sus pour le déversement dans les grands réservoirs ; et lorsque tous les réservoirs sont sous la même pression, la rentrée avec tout le volume doit également s'additionner, c'est-à-dire, c'est tout le volume d'air comprimé contenu dans la machine qui passe d'une pression plus basse à une plus haute ou plus élevée à chaque compression. Arrivé là, il

que disent les sciences actuelles, qui en matière d'invention sont incompétentes ; et un inventeur, en s'appuyant sur elles pour se faire comprendre s'il est né vraiment pour créer, doit passer outre, tout en leur rendant hommage. Entre autres questions, le chapitre des résistances passives appliqué à toute machine est mis en avant comme l'obstacle insurmontable à vaincre, pour arriver au mouvement perpétuel, et cela est dit dans les ouvrages de tous ces savants célébres dont j'ai cité quelques noms. Voyez, et vous êtes forcés de convenir avec moi que, malgré la mauvaise foi que vous puissiez y mettre, le cas que j'en ai fait est comme j'ai passé outre.

Vous pouvez les doubler, les tripler les résistances, si cela peut vous faire plaisir je les vaincrai avec la même facilité, et je vais vous en donner un exemple, si vous n'avez pas saisi la chose, quand je l'ai dite dans le cours de cet écrit.

Les frottements ascendants sont vaincus, une partie par le poids moteur et l'autre par les sorties ; le poids moteur est surchargé au-delà des frottements, comme je l'ai dit ; on pourrait encore le surcharger, les produits étant riches ; on ferait les sorties plus fortes. Ainsi, j'ai compté quatorze chevaux de frottements ; en réalité, nous en avons 6 $\frac{50}{100}$ de cheval.

Pour ceux descendants, vous n'avez qu'à mettre une première force en air comprimé plus forte dans le petit réservoir, et vous vaincrez toujours les frottements quels qu'ils soient, doubles ou triples et la richesse des rendements fera le reste.

Il me reste à vous démontrer le rendement réel de la machine : encore d'autres sujets plus sérieux de la manipulation de l'air par les combinaisons de la machine. En attendant, permettez-moi de vous démontrer la vitesse de la fabrication en air comprimé, comparée à celle de la fabrication de la vapeur comprimée sous des pressions égales.

De la continuité de la fabrication en air comprimé et de la discontinuité de la production de la vapeur.

Toute ébullition est discontinue, puisqu'il y a toujours un certain intervalle de temps entre deux bulles successives; mais cette discontinuité et les soubresauts qui l'accompagnent sont très-variables avec la nature du liquide. Si l'on examine attentivement ce qui se passe à la partie inférieure d'un liquide en ébullition, on reconnaît bientôt que, lorsqu'une bulle de vapeur se détache de la paroi inférieure du vase, elle est remplacée par un pareil volume de liquide, qui a besoin de s'échauffer pour arriver à la température d'ébullition et pour produire une bulle qui soit capable, par sa grosseur, de s'élever à son tour. Or, on conçoit que le temps nécessaire pour produire cet effet est d'autant plus considérable que : 1° l'éther spécifique et l'éther de vaporisation sont plus grands; 2° que la bulle doit atteindre un volume plus notable avant de se détacher de la paroi; 3° enfin, que le vase transmet moins rapidement la chaleur du foyer.

Telles sont les causes dont dépend la discontinuité plus ou moins grande de l'ébullition de l'eau, etc.; par conséquent, la production de la vapeur est discontinue.

Je fais observer cela pour cause, quoiqu'étant connu; c'est pour vous dire que la fabrication ou production en air comprimé est continue en quelque sorte avec les machines à deux jeux; dans celles à trois, quatre ou cinq jeux la continuité sera telle, que la production sera une fois et demie, deux fois où deux fois et demie plus grande que dans celles à deux jeux.

Pour ces dernières à deux jeux, ce qui fait la continuité de la production, c'est que l'aspiration et la compression ont lieu en même temps, tandis qu'un jeu aspire l'autre comprime, leurs mouvements étant alternatifs. Comme production, nous produisons plus vite comme volume d'air comprimé que les machines actuelles ne produisent la vapeur; nous produisons, dans une seule compression, 1 cube en air comprimé dans deux ou trois secondes, comme je l'ai démontré (et l'on peut produire le double ou le triple, étant illimité comme puissance). Mais restons à nos chiffres : ce qu'avec une chaudière à vapeur, il faudrait une surface de chauffe au moins de 1,500 mètres pour produire dans le même laps de temps le même volume comprimé sous vingt atmosphères.

Vous le voyez, je développe le sujet le plus passible, pour que toute arrière-pensée et tout doute n'existent plus ou ne puissent exister.

Voilà encore à l'appui du pourquoi, nous serons ce que nous voudrons comme volume.

Du volume à donner aux réservoirs.

Pour vous rendre compte du nombre d'atmosphères qui doit vous rester dans le petit réservoir, de l'air comprimé, après avoir donné sa détente ou sa force élastique à la compression qui suit et qui s'ajoute à la résistance des ressorts qui maintiennent les soupapes qui laissent communiquer les compresseurs avec les réservoirs, et qui doit s'ajouter ensuite avec la rentrée.

Par le cube du cylindre qui reçoit la force acquise, comparé au cube du petit réservoir, vous verrez s'il est contenu une, deux, trois, quatre, cinq fois dans le cube de ce dernier; le volume se sera donc agrandi d'autant; en retranchant l'agrandissement du volume par la dilatation qui a eu lieu, le reste vous donnera le produit du nombre d'atmosphères restant dans le réservoir.

Ici, avant d'aller plus loin, je dois vous faire observer
pourquoi je ne prends que 1/5 de la force du petit réservoir,
force acquise à la compression comme reste de cette force
après avoir donné toute sa détente restant dans le réservoir,
et qui doit s'ajouter avec la rentrée. La force acquise, après
avoir donné sa force élastique à la compression qui suit,
trouve au bout de sa course une issue ; la soupape qui laisse
communiquer le réservoir et le cylindre se ferme aussitôt que
l'air comprimé est au bout de sa course en se détendant avec
violence et trouve l'issue pour s'échapper à l'air libre. Mais,
comme l'air comprimé, la vitesse de sa détente est celle de
l'ouragan, c'est-à-dire de 70 mètres et plus à la seconde, l'air
comprimé aussitôt rencontrant un échappement pour devenir
libre, courant avec une vitesse pareille, en moins de $\frac{1}{70}$ de seconde, le reste, ce que nous considérons rester dans le réservoir n'est plus ce que l'on doit compter ; voilà pourquoi
j'ai pris le 1/5 tandis que l'on pourrait compter moitié et
beaucoup plus, par rapport aux proportions du réservoir et
cylindre où joue la force acquise. Puis, pour toujours rester
en-dessous de ce que nous pouvons avoir comme produit,
étant riche, à quoi bon lésiner ?

. Revenons au sujet que j'ai commencé de traiter. Ainsi, en
admettant que le cube du cylindre soit le 1/4 du petit réservoir, et que vous ayez l'air comprimé sous six atmosphères,
lorsque vous laisserez communiquer le réservoir avec le cylindre, l'air comprimé se détendra de 1/4 ; ce 1/4 vous donnera
la force élastique de six atmosphères. En partant, l'effort est
bien de six atmosphères ; mais il diminue graduellement en
arrivant au bout de sa course de la somme de toute la détente du volume ; donc, vous n'auriez en réalité, au bout de
la course, qu'un effort de $4\frac{50}{100}$ d'atmosphère, puisque le
volume s'est agrandi de 1/4 ; par conséquent, la densité de
l'air qui était à six atmosphères par la dilatation qui a eu
lieu, se trouve, au bout de la course, réduite graduellement à
$4\frac{50}{100}$ d'atmosphère. L'effort est pourtant de six atmosphères,
en raison de ceci qu'au départ l'air comprimé rencontre

moins de résistance qu'arrivé au bout de sa course ; donc, en partant, la violence avec laquelle il se débande, rencontrant presque pas de résistance, fait que l'effort est aussi violent au bout de sa course gagnée par la vitesse que le poids a acquis en partant du repos pour arriver au bas de sa chute, accompagné jusque là par l'effort qui, trouvant une issue, s'échappe à l'air libre.

Car il faut remarquer qu'au départ, le travail de la compression est moindre qu'arrivé au bout de la course ; en effet, au départ, vous ne faites que commencer de réduire l'air de son premier volume, tandis que, passé la moitié de la course, le travail devient plus grand, et graduellement jusqu'au bout de la course ; seulement l'élan est pris dès le départ, en raison du moins de résistance, et la vitesse acquise reste la même jusqu'au bout de la course par la violence de la détente, jusqu'à ce qu'elle trouve une issue pour s'échapper : de là un effet tout opposé se produit, ce qui ne se dépense pas au départ se dépense au bout de la course, en raison de ce que j'ai dit.

Donc 6 atmosphères ont laissé comme reste, s'ajoutant à la résistance après avoir donné son effort, 4 $\frac{50}{100}$ d'atmosphères. Si vous aviez 10 atmosphères, il vous resterait comme reste la dilatation produite du volume qui est de 1/4 en plus du volume, à retrancher du nombre que vous avez : soit le 1/4 de 10 $=$ 2 $\frac{50}{100}$, reste 7 $\frac{50}{100}$ d'atmosphères.

Si je démontre et rappelle ceci, c'est pour montrer que le volume, ou contenance du petit réservoir, doit être au moins 1 fois celui du cylindre où joue la force acquise : on peut l'augmenter, mais pas le mettre moindre, parce qu'il vaut mieux avoir un stock dans le réservoir qu'un manquant par rapport aux sorties qui remontent les poids moteurs au sommet de leur course, puis prévenir les fuites, s'il venait à en surgir etc.

Pour le 1er réservoir le plus petit, son volume doit être égal au volume d'air comprimé de la 1re compression, comme on peut s'en rendre compte de la manière que j'ai déjà démontré; et, comme je l'ai dit, la charge des soupapes doit équilibrer les deux 1res compressions. Passé cette pression, les soupapes restent ouvertes, et le 1er et le 2me réservoir font ce que nous appelons le petit réservoir ; la machine alors n'en possède que deux, celui-ci et les grands qui ne font qu'un, puisqu'ils communiquent ensemble.

Le volume des grands règlera le volume des cylindres de la dépense comme les cylindres de la dépense règleront le volume de ces derniers, comme je vais le démontrer ci-après.

Connaissant les susceptibilités de messieurs les hommes compétents, dans ce que je viens de démontrer, vous pourriez peut-être trouver matière à chicane, quoique je dise toujours vrai ; mais comme je veux laisser subsister tout ce qui peut vous faire voir un point noir, et malgré cela vous démontrer des résultats ou produits plus que magnifiques, afin que tout doute, toute contradiction ne puisse exister. Ainsi j'ai dit que l'effort de la détente de la force acquise aux poids travailleurs, qui donne ensemble la puissance de compression, perdait 1/4 de sa puissance, et qu'au bout de la course du piston du cylindre où joue la force acquise, l'effort s'était réduit graduellement à 4 $\frac{50}{100}$ d'atmosphères par la détente ou la dilatation de cet air comprimé. J'ai démontré qu'il en était autrement, et pour vous en donner un exemple frappant : si l'effort dans un canon était obligé d'accompagner le projectile lancé par lui, par la force ou le gaz comprimé par la combustion de celui-ci (puisque ce gaz est d'abord à l'état solide,) le nombre d'atmosphères sous lequel il est comprimé dans un espace donné, avant d'atteindre le 1/4 de la course du projectile, ces atmosphères, même avant ce 1/4, seraient réduites à zéro. Et si on prenait à moitié de sa course, en raison de la vitesse acquise par la violence de la détente de ce gaz, le produit qu'il pourrait produire comme compression d'un gaz, on reconnaîtrait qu'il produirait plus que la somme de gaz comprimé qui l'a lancé, sous un nombre plus élevé d'atmosphères.

Et la preuve de ce que je dis, c'est qu'à 2,000 ou 3,000 milles, le projectile a acquis assez de puissance pour percer une plaque de fer, capable par sa résistance ou son épaisseur de faire équilibre à un plus grand nombre d'atmosphères que le réduit où s'est produit de gaz comprimé qui l'a lancé. Je vais vous démontrer pire que ce que je vous ai démontré jusqu'à présent.

De la force acquise aux poids travailleurs à chaque compression pour la compression qui suit, afin de multiplier les puissances, nous ne prendrons comme effort que la moitié de la force acquise, perte subie par la détente ou la dilatation : en supposant que le petit réservoir est égal comme volume au cylindre où joue la force acquise; en admettant par la détente mécanique que la soupape qui laisse communiquer les deux récipients, se ferme juste à 0 mètre 025 millimètres avant l'issue que l'air comprimé rencontre pour s'échapper à l'air libre. Par conséquent, nous aurons, comme reste dans le réservoir ou résistance à la compression qui suit, moitié du nombre d'atmosphères que nous avons comme force acquise, puisque cet air comprimé passant du réservoir dans le cylindre double son volume ; et comme la soupape se trouve fermée juste avant l'échappement de l'air dans l'atmosphère, il nous restera moitié dans le réservoir, puissance qui s'additionnera à la rentrée, vu que la puissance de compression sera toujours plus forte que la résistance à la compression.

Par cet autre mode de manipulation d'air comprimé, pour que les puissances de compression soient doubles, triples et quadruples, etc., des résistances, il faudra que le petit réservoir soit le 1/2, 1/3, 1/4, etc., du cylindre où joue la force acquise.

Comme rendement de la machine, nous allons prendre les mêmes poids que celle qui fonctionne sans force acquise, première mise en air comprimé pour vaincre les frottements descendants, puisqu'elle crée elle-même sa force première.

Poids travailleurs 3,000 kilos; poids moteurs 5,525 kilos; chute 1 mètre 20 centimètres; nombre de chutes 6; sorties à la 5ᵉ et 6ᵉ compression 96 $\frac{72}{100}$ de cheval vapeur chaque, sans force première dans le réservoir, les frottements ou résistances passives à déduire du rendement du produit de la machine ou de la chute du poids travailleur. Frottements descendants sept chevaux, ceux ascendants sont vaincus par le poids moteur et les sorties comme il a été dit.

1ʳᵉ *compressiom* : produit 48 chevaux : 7 à retrancher comme frottements descendants; produit net 41 chevaux dans le réservoir, force acquise pour la compression qui suit.

2ᵉ *compression* : l'effort par la détente ou la dilatation étant de moitié, la force acquise à la compression sera donc moitié du produit de la 1ʳᵉ compression, soit 20 $\frac{50}{100}$ de cheval vapeur $\times$ par la hauteur de chute, 1 mètre 20 centimètres, produit de la force acquise 24 $\frac{60}{100}$ de cheval; 41 chevaux que donne le poids produit de la puissance de compression 65 $\frac{60}{100}$ de cheval: reste dans le réservoir ou résistance à la compression, qui s'additionne à la rentrée en multipliant encore la puissance 20 $\frac{50}{100}$ de cheval vapeur, produit de la 2ᵉ compression, ensemble 86 $\frac{10}{100}$ de cheval vapeur.

3ᵉ *compression* : le produit de la force acquise par rapport à la dilatation qui a lieu, est de 43 $\frac{5}{100}$ de cheval $\times$ par la chute du poids, qui donne comme produit 51 $\frac{66}{100}$ de cheval; et 41 chevaux que donne le poids $\times$ par la chute, donnent comme produit de la puissance de compression 92 $\frac{66}{100}$ de cheval ; reste ou résistance à la compression qui s'ajoute à la rentrée 43 $\frac{5}{100}$ de cheval; produit de la 3ᵉ compression, en tout 135 $\frac{74}{100}$ de cheval.

4ᵉ *compression* : effort de détente de moitié, comme il a été dit, afin de ne pas répéter 67 $\frac{855}{1000}$ de cheval $\times$ par la chute, produit 81 $\frac{426}{1000}$, et 41 chevaux que donne le poids $\times$ par la chute 122 $\frac{426}{1000}$ de cheval, puissance de compression; reste dans le réservoir ou résistance à la compression qui s'additionne à la rentrée 67 $\frac{855}{1000}$ de cheval; produit de la 4ᵉ compression, 190 $\frac{281}{1000}$ de cheval.

5ᵉ *compression* : effort de détente de moitié 95 $\frac{14}{100}$ de cheval $\times$ par la chute, produit 114 $\frac{168}{1000}$ de cheval et 41 chevaux que donne le poids, cela fait $155 \frac{16}{100}$ de cheval, puissance de compression ; reste ou résistance à la compresston $95 \frac{14}{100}$ de cheval, qui s'additionnent à la rentrée ; produit de la 5ᵉ compression $250 \frac{30}{100}$ de cheval. Ici, un des poids moteurs est au bout de sa course, pour le remonter il faut dépenser de la force accumulée par ce nombre de compression $96 \frac{72}{100}$ de cheval : reste $153 \frac{51}{100}$ de cheval.

6ᵉ *compression* : effort de moitié de la force acquise : soit $76 \frac{755}{1000}$ de cheval $\times$ par la chute, produit, prdnit $92 \frac{10}{100}$ de cheval et 41 chevaux que donne le poids font $133 \frac{10}{100}$ de cheval, puissance de compression : reste dans le réservoir où résistance à la compression qui s'ajoute à la rentrée $76 \frac{75}{100}$ de cheval ; produit de la 6ᵉ compression $209 \frac{85}{100}$ de cheval. Une autre sortie a lieu pour monter l'autre poids moteur qui est au bas de sa course $96 \frac{72}{100}$ de cheval : reste ou bénéfice, ou force acquise pour la 7ᵉ compression $113 \frac{6}{100}$ de cheval ; rien encore de libre pour la dépense.

7ᵉ *compression* : $108 \frac{846}{1000}$ de cheval, puissance de compression : reste dans le réservoir où résistance à la compression $56 \frac{53}{100}$ de cheval ; produit ensemble de la 7ᵉ compression $165 \frac{376}{1000}$ de cheval.

8ᵉ *compression* : puissance de compression $140 \frac{225}{1000}$ de cheval : reste ou résistance à la compression $82 \frac{68}{100}$ de cheval ; produit ensemble $222 \frac{90}{100}$ de cheval.

9ᵉ *compression* : produit ensemble $286 \frac{12}{100}$ de cheval.

10ᵉ	*Id.*	$356 \frac{90}{100}$	*Id.*
11ᵉ	*Id.*	$433 \frac{59}{100}$	*Id.*
Sortie $96 \frac{72}{100}$ de cheval : reste		$336 \frac{80}{100}$	*Id.*
12ᵉ *compression* : produit ensemble		$411 \frac{48}{100}$	*Id.*
Sortie $96 \frac{72}{100}$ de cheval : reste		$314 \frac{62}{100}$	*Id.*

Rien encore de libre à la dépense.

13ᵉ *compression* : produit ensemble		$387 \frac{155}{1000}$	*Id.*
14ᵉ	*Id.*	$466 \frac{68}{100}$	*Id.*
15ᵉ	*Id.*	$554 \frac{54}{100}$	*Id.*
16ᵉ	*Id.*	$650 \frac{90}{100}$	*Id.*
17ᵉ	*Id.*	$757 \frac{85}{1000}$	*Id.*

Sortie 96 $\frac{79}{199}$ de cheval : reste   660 $\frac{19}{199}$ de cheval

18ᵉ *compression* : produit ensemble 767 $\frac{31}{199}$ *Id.*

Sortie 96 $\frac{79}{199}$ de cheval : reste   680 $\frac{52}{199}$ *Id.*

Le reste de la 17ᵉ compression a fabriqué le reste de la 18ᵉ compression : la différence de ces deux produits est une somme que vous pouvez disposer à votre fantaisie : soit 20 $\frac{32}{199}$ de cheval vapeur ; force libre à la dépense sous une pression de 5 $\frac{5}{199}$ d'atmosphère.

19ᵉ *compression* :   produit ensemble   789 $\frac{57}{197}$ de cheval.

20ᵉ   *Id.*   909 $\frac{52}{199}$ *Id.*

21ᵉ   *Id.*   1,044 $\frac{47}{792}$ *Id.*

22ᵉ   *Id.*   1,186 $\frac{61}{199}$ *Id.*

23ᵉ   *Id.*   1,346 $\frac{26}{199}$ *Id.*

Sortie 96 $\frac{79}{299}$: reste   1,249 $\frac{47}{299}$ *Id.*

24ᵉ *compression* : produit ensemble 1,415 $\frac{41}{299}$ *Id.*

Sortie 96 $\frac{79}{299}$: reste   1.318 $\frac{62}{299}$ *Id.*

Différence des deux restes   69 $\frac{15}{299}$ de cheval, libre à la dépense, sous une pression de 9 $\frac{88}{299}$ d'atmosph.

25ᵉ *compression* : produit ensemble 1,491 $\frac{48}{999}$ de cheval.

26ᵉ   *Id.*   1,681 $\frac{62}{999}$ *Id.*

27ᵉ   *Id.*   1,890 $\frac{78}{999}$ *Id.*

28ᵉ   *Id.*   2,120 $\frac{85}{999}$ *Id.*

29ᵉ   *Id.*   2,373 $\frac{93}{999}$ *Id.*

Sortie 96 $\frac{79}{999}$: reste   2,277 $\frac{14}{999}$ *Id.*

30ᵉ *compression* : produit ensemble 2,545 $\frac{85}{999}$ *Id.*

Sortie 96 $\frac{79}{100}$, reste 2,449 $\frac{6}{100}$ de cheval ; différence des deux reste 171, $\frac{92}{100}$ de cheval, libre à la dépense, sous une pression de 16 $\frac{86}{100}$ d'atmosphère.

31ᵉ produit, ensemble   2,734 $\frac{96}{100}$ de cheval.

32ᵉ   *Id.*   3,049 $\frac{45}{100}$ *Id.*

33ᵉ   *Id.*   3,395 $\frac{33}{100}$ *Id.*

34ᵉ   *Id.*   3,775 $\frac{92}{100}$ *Id.*

35ᵉ   *Id.*   4,194 $\frac{51}{100}$ *Id.*

Sortie 96 $\frac{79}{100}$, reste   4,097 $\frac{72}{100}$ *Id.*

36ᵉ produit, ensemble   4,548 $\frac{49}{100}$ *Id.*

Sortie 96 $\frac{79}{100}$, reste   4,451 $\frac{70}{100}$ *Id.*

Différence des deux restes : 353 $\frac{98}{100}$ de cheval, libre à la dépense, sous une pression de 33 $\frac{38}{100}$ d'atmosphère. On peut pousser la force libre à la dépense au chiffre que l'on veut, comme je l'ai déjà démontré.

Je viens de vous démontrer un rendement faux, puisqu'il est bien en dessous de sa production ; c'est pour vous montrer que nous marchons n'importe comment.

En dépensant toute la force acquise sans rien laisser dans le réservoir, nous marchons ; en laissant un reste dans le réservoir, nous marchons ; en ne prenant que la moitié de la force acquise pour $\times$ la puissance, nous marchons ; en dépit de tout, nous marcherons.

Rendement réel de la machine en atmosphères.

Poids travailleurs 3,000 kilos ; poids moteurs 5,000 kilos, presque pas de résistance des ressorts qui maintiennent les soupapes, qui laissent communiquer les pompes de compression avec les réservoirs, employant des ressorts faisant équilibre à $\frac{1}{20}$ d'atmosphère. Par conséquent, le volume d'air comprimé de la 1re compression sera le cube du petit réservoir ; si ce cube est le 1/3 du volume des pompes de compression, l'air comprimé sera sous trois atmosphères à la 1re compression.

A la 3e compression, nous devons tenir compte de la compression produite par l'aspiration, puisque les deux premières ont eu lieu sur de l'air libre, comme il a été dit ; vous savez que cette compression par l'aspiration peut varier selon que l'aspiration est plus ou moins forte, puis plus ou moins lente ; nous prendrons un chiffre moyen qui sera de 1/2 atmosphère.

Reste dans le réservoir, après la 1re compression de l'air comprimé, après avoir donné toute sa détente ou sa force

élastique pour la compression qui suit, etc., 1/5 qui s'ajoute
à la résistance des soupapes à prendre à chaque compression.

Sorties, douze atmosphères chaque; chute 1 mètre 20 centimètres, nombre de chutes 6; à la 5e et 6e compressions,
sorties pour remonter les poids moteurs.

A mettre dans le petit réservoir cinq atmosphères pour
vaincre les frottements descendants, afin que le poids fasse
sa chute libre de toute contrainte, comme s'il tombait dans
l'espace.

1re *compression* : produit trois atmosphères, force acquise
pour la 2e compression.

2e *compression* : 3 $\frac{60}{100}$ d'atmosphère, produit de la force
acquise au poids; trois atmosphères, produit de la chute du
poids; $\frac{60}{100}$ d'atmosphère, reste dans le réservoir à ajouter à la
rentrée, comme il a été dit; ensemble produit de la 2e compression 7 $\frac{20}{100}$ d'atmosphère, force acquise pour la 3e compression.

3° *compression* : 8 $\frac{64}{100}$ d'atmosphère, produit de la force
acquise au poids; trois atmosphères, produit de la chute du
poids; compression produite par l'aspiration, $\frac{50}{100}$ d'atmosphère; reste dans le réservoir à ajouter à la rentrée 1 $\frac{44}{100}$
d'atmosphère; ensemble produit de la 3e compression 13 $\frac{58}{100}$
d'atmosphère, force acquise pour la compression qui suit.

4e *compression* : produit ensemble du tout 22 $\frac{50}{100}$ d'atmosphère, toujours force acquise pour la compression qui suit.

5e *compression* : après la sortie, produit 23 atmosphères.

6e *compression* : après la sortie, produit 23 $\frac{70}{100}$ d'atmosphère. Comme je vous l'ai déjà démontré, c'est le produit de
la 5e qui a fabriqué le produit de la 6e; la différence du premier au deuxième est donc une force libre que l'on peut employer à sa fantaisie : la différence n'est pas bien forte, puisqu'elle n'est que de $\frac{70}{100}$ d'atmosphère, mais que nous allons
laisser marcher à notre volonté pour avoir ce que nous voudrons.

7e *compression* : produit 36 $\frac{68}{100}$ d'atmosphère.

8e *compression* : produit 54 $\frac{84}{100}$ d'atmosphère.

9e *compression* : produit 80 $\frac{20}{100}$ d'atmosphère.

10e *compression* : produit 115 $\frac{86}{100}$ d'atmosphère.

11e *compression* : produit, après la sortie, 153 $\frac{70}{100}$ d'atmosphère.

12e *compression* : après la sortie, produit 206 $\frac{68}{100}$ d'atmosphère. Voyons la force libre à la dépense : la différence des produits de la 11e à la 12e compression est de 52 $\frac{98}{100}$ d'atmosphère, que vous pouvez dépenser à votre fantaisie, outre celle qui est propre à la machine qui fabrique sans relâche celle que vous dépensez.

13e *compression* : produit 292 $\frac{84}{100}$ d'atmosphère.

14e *compression* : produit 443 $\frac{46}{100}$ d'atmosphère.

15e *compression* : produit 582 $\frac{34}{100}$ d'atmosphère.

16e *compression* : produit 818 $\frac{76}{100}$ d'atmosphère.

17e *compression* : après la sortie, produit 1,137 $\frac{76}{100}$ d'atmosphère.

18e *compression* : après la sortie, produit 1,584 $\frac{36}{100}$ d'atmosphère libre à la dépense ; la différence des produits de la 17e à la 18e compression, la première ayant produit la dernière, soit de 446 $\frac{60}{100}$ d'atmosphère.

Ci-après je vais vous établir un tableau des résistances à la compression, par les restes qui se multiplient et s'additionnent aux rentrées ; puis un tableau des puissances de compression ou forces acquises au poids, qui multiplient à l'infini les puissances créées par les combinaisons mécaniques de la machine.

NOMBRE DE COMPRESSIONS.	RÉSISTANCES À LA COMPRESSION, par les restes restant dans le réservoir.	NOMBRE DE COMPRESSIONS.	PUISSANCES DE COMPRESSION ou forces acquises aux poids travailleurs.	OBSERVATIONS.
	Atmosphères.		Atmosphères.	Libre à la dépense.
1re	» $\frac{20}{100}$	1re	5 »	rien.
2e	» $\frac{80}{100}$	2e	7 $\frac{20}{100}$	id.
3e	1 $\frac{44}{100}$	3e	13 $\frac{58}{100}$	id.
4e	2 $\frac{71}{100}$	4e	22 $\frac{50}{100}$	id.
5e	4 $\frac{50}{100}$	5e	23 »	id.
6e	4 $\frac{60}{100}$	6e	25 $\frac{70}{100}$	» $\frac{70}{100}$
7e	4 $\frac{74}{200}$	7e	36 $\frac{68}{100}$	12 $\frac{98}{100}$
8e	7 $\frac{33}{100}$	8e	54 $\frac{84}{100}$	18 $\frac{16}{100}$
9e	10 $\frac{96}{100}$	9e	80 $\frac{26}{100}$	25 $\frac{42}{100}$
10e	16 $\frac{5}{100}$	10e	115 $\frac{86}{100}$	35 $\frac{60}{100}$
11e	25 $\frac{17}{100}$	11e	155 $\frac{70}{100}$	57 $\frac{84}{100}$
12e	30 $\frac{74}{100}$	12e	206 $\frac{68}{100}$	52 $\frac{8}{100}$
13e	41 $\frac{33}{100}$	13e	292 $\frac{84}{500}$	86 $\frac{16}{100}$
14e	58 $\frac{56}{100}$	14e	413 $\frac{46}{100}$	120 $\frac{62}{100}$
15e	82 $\frac{69}{100}$	15e	582 $\frac{34}{100}$	168 $\frac{88}{100}$
16e	116 $\frac{46}{100}$	16e	818 $\frac{76}{100}$	236 $\frac{42}{100}$
17e	163 $\frac{75}{100}$	17e	1137 $\frac{76}{100}$	319 »
18e	227 $\frac{55}{100}$	18e	1584 $\frac{86}{100}$	446 $\frac{60}{100}$

J'ai poussé loin ces chiffres, pour démontrer ce que j'ai dit, à la suite vous vous rendrez un compte exact de la manipulation de l'air comprimé, par les combinaisons de la machine, et j'achèverai de vous démontrer que, jusqu'à présent, on a eu une idée complètement fausse des rendements de la puissance en air comprimé, ce sujet étant successivement neuf.

Représentez-vous les puissances que je mets en bataille : résistances et puissances que j'oblige à se fondre en un tout, ou se réduire ensemble. Alors vous aurez une idée exacte de la puissance que j'ai créée. Voyez une résistance de $227\frac{55}{999}$ d'atmosphère, et une puissance de compression de $1584\frac{26}{977}$ d'atmosphère. Donnez un coup d'œil : par l'imagination de ces deux puissances mises en contact dans les réservoirs, la plus forte oblige la plus petite à s'additionner à elle, afin de multiplier la puissance. Alors vous pourrez peut-être comprendre toute la constance et l'opiniâtreté qu'il a fallu à ce grand fou, qui a créé cette œuvre.

Du mouvement plus accéléré à la dépense qu'à la production de la force en air comprimé, et de la manière d'équilibrer la fabrication et les sorties.

Si l'expérience démontre que le poids travailleur peut monter au sommet de sa course en 2 ou 2 1/2, au plus 3 secondes, —il est bien entendu que je parle des machines dont on corrigera l'effet $x\ x+x$, produit par les combinaisons de la machine, comme je l'ai déjà démontré, — ce sera le système à adopter par la raison majeure que, la puissance de 6,000 kilos avec laquelle il montera, nous donnera une pression plus forte à l'aspiration ; puis, les x passant de x en x, etc..... Je regrette encore de ne pouvoir vous le dire : cette expérience est si simple à faire que le coût n'ira pas à 200 francs.

En sus, que nous mettions un intervalle plus grand à chaque compression, cela ne diminuera en rien la vitesse à la dépense : en supposant que les cylindres à la dépense cubent 1 mètre, et que nous ayons un mouvement de va et vient à la seconde, nous dépenserons donc 2 mètres cubes d'air comprimé sous cette pression, à la seconde. La production mettant un temps, je suppose, de trois secondes, ne produisant que 0 mètre 50 centimèt. cubes pendant ce laps de temps, il vous faudra donc que cet air comprimé soit sous soixante atmosphères pour qu'il se dédouble six fois par la dilatation, en passant du petit réservoir dans les grands, chargés à dix atmosphères pour avoir 6 mètres cubes d'air comprimé sous cette pression obtenu en trois secondes, pour pouvoir en dépenser 2 mètres à la seconde à la dépense; et il est bien entendu, que l'on poussera plus loin les pressions, soit au petit réservoir, soit aux grands, pour avoir une puissance continue malgré les sorties.

Comme je le fais remarquer dans la démonstration des machines à un seul jeu, de la continuité du mouvement à la dépense, malgré l'intermittence à la production ci-après, etc., qui, les 2 premiers mètres sortis, vous laissera les 4 autres sous une pression moindre de dix atmosphères, et que vous auriez dès lors, au second mouvement de va-et-vient des pistons de la dépense, une déperdition de force d'autant de la première sortie qui est de 1/3 du volume de 6 mètres cubes à dix atmosphères, le second mouvement ne serait plus que de 6 $\frac{75}{100}$ d'atmosphère, et le troisième de 3 $\frac{33}{100}$ d'atmosphère, cela produit par la dilatation après chaque sortie, le volume ne changeant pas, la pression ou la densité seule changeant.

Pour corriger ou parer à ces inconvénients-là, il vous faut un stock dans vos grands réservoirs en air comprimé, qui doit égaler la pression de la dépense; donc pour avoir ce stock, vous chargerez les soupapes du petit réservoir sous une pression de soixante-dix atmosphères, et les grands sous une pression

de vingt atmosphères, et on régularisera par la détente mécanique les cylindres à la dépense, pour qu'ils marchent sous
une pression de dix atmosphères; par ce moyen, vous aurez
plus que votre dépense, et l'excédant partira par les soupapes
de sûreté des grands réservoirs.

Par détente mécanique, j'entends que les tiroirs ou soupapes, au lieu de rester ouverts pendant tout le parcours du piston, ne resteront ouverts qu'à moitié de la course des pistons.
L'air comprimé arrivant sous vingt atmosphères, les cylindres
étant à moitié remplis, l'air comprimé, en se détendant par sa
force élastique dans l'autre moitié du cylindre, se dédoublera
et donnera un effort de dix atmosphères par sa dilatation,
ayant doublé son volume.

Vous le voyez, c'est fort simple, et vous devez comprendre
maintenant l'utilité des grands réservoirs, et pourquoi je les
appelle des régulateurs de la dépense de la force en air comprimé.

Le petit réservoir aura toujours une proportion établie selon les pompes de compression, tandis que les grands varieront
comme volume, selon l'emploi qu'ils seront appelés à remplir.
Ainsi, dans les machines à un seul jeu, il faudra qu'ils soient
beaucoup plus grands par rapport à l'intermittence que dans
les machines à deux jeux. La grandeur ou le volume sera
donné par le ou les cylindres à la dépense.

***

De la continuité du mouvement à la dépense par les machines à un seul jeu, malgré l'intermittence à la production ou fabrication.

L'intermittence a lieu, comme je l'ai dit, lorsque le poids
moteur est monté au sommet de sa course, par la force en air
comprimé, créé par le poids travailleur; le laps de temps

perdu peut varier entre trois à quatre secondes, pour cette raison que le poids travailleur est au bas de sa course ; lorsque le poids moteur monte au sommet de sa course, celui-ci monte en une seconde ; mais une fois monté, il monte à son tour le poids travailleur, qui prend un temps de 2 à 2 secondes 1/2 par rapport à l'aspiration. C'est donc ce laps de temps qu'il faut rattraper par la production de l'air comprimé, pendant les trois ou quatre chutes du poids travailleur, pour parer à l'intermittence qui vient après ce nombre de chutes. Et voici comment on opérera :

En supposant que nous marchions sous dix atmosphères à la dépense et que nous dépensions 50 centimètres cubes d'air comprimé sous cette pression à chaque mouvement de va-et-vient du piston à la seconde ; que la production en air comprimé soit aussi de 50 centimètres cubes toutes les quatre secondes, il vous faudra donc qu'à la production cet air comprimé soit sous quarante atmosphères, pour qu'en passant du petit réservoir dans le grand, il se dédouble quatre fois pour équilibrer la dépense, ou autrement dit, pour avoir 2 mètres cubes d'air comprimé à chaque compression qui a lieu toutes les 4 secondes pour pouvoir en dépenser 0 mètre 50 centimètres cubes à la seconde. Outre cela encore, il vous faut tenir compte du laps de temps perdu pendant l'intermittence qui est de 4 secondes, comme nous avons dit : il faudra donc que la production soit encore plus forte pour équilibrer la dépense qui doit être continue. Pendant que les chutes du poids travailleur ont lieu et que le laps de temps de chaque est de 2 1/2 à 3 secondes, pendant ces quatre chutes, nous accumulons une puissance déterminée pour parer à l'intermittence qui est de 4 secondes ; 4 et 3 font 7 secondes, mettons en 8, agissons largement.

Il faudra donc que les soupapes du petit réservoir soient chargées à quatre-vingts atmosphères, pour que le volume de 0 mètre 50 centimètres cubes, sous cette pression, se dédouble huit fois par la dilatation, en passant dans le grand réservoir chargé à dix atmosphères pour avoir à dépenser 0 mètre 50

—58—

centimètres cubes d'air comprimé sous cette pression à la seconde, ou cylindre qui fonctionne à la dépense.

Outre cela encore, il vous faudra tenir compte des sorties
qui, au fur et à mesure qu'elles se font, diminuent le nombre
d'atmosphères à la dépense.

Ainsi la première sortie est de 0 mètre 50 centimètres
cubes d'air comprimé sous dix atmosphères ; la deuxième de
même jusqu'à la huitième, chaque seconde ; comme la production se dépense en huit secondes par fraction d'une seconde chaque fois, après la première sortie et deuxième, etc.,
vous auriez déperdition d'atmosphères ou de force produite
par la dilatation du reste après les premières sorties. Il vous
faut donc un stock de dix atmosphères dans le grand réservoir,
pour qu'il n'y ait pas de déperdition de force à la dépense, et
cela se conçoit ainsi.

Après la première sortie, vous avez diminué votre volume
de densité ou de pression de 1/8 : le reste a donc subi une
dilatation d'autant, le volume ne changeant pas, la pression
ou la densité seule changeant ; vous avez donc fait perdre
1/8 de la force élastique de cet air comprimé sous dix atmosphères, qui est de 1 $\frac{25}{999}$ d'atmosphère ; le reste n'a donc
plus qu'une pression de 8 $\frac{75}{999}$ d'atmosphère à l'autre sortie :
le reste ne sera plus que de 7 $\frac{50}{999}$ d'atmosphère, et l'autre de
6 $\frac{25}{999}$ d'atmosphères ; à la cinquième sortie, de cinq atmosphères ; à la sixième sortie, de 3 $\frac{75}{999}$ d'atmosphère ; à la
septième sortie, de 2 $\frac{50}{999}$ d'atmosphère ; et à la huitième
sortie, de 1 $\frac{25}{999}$ d'atmosphère ; la production, ayant lieu après
cette sortie, vous donnera autres dix atmosphères, sous un
volume de 4 mètres cubes, pour en dépenser 0 mètre 50 centimètres cubes pendant les huit sorties. Il faut observer que
nous n'avons pas touché au petit réservoir qui contient la
puissance propre à la machine qui fabrique celle de la dépense.

Donc, pour avoir ce stock dans le grand réservoir, on chargera le petit réservoir en sus de la production donnée de dix
atmosphères, et le grand réservoir sera chargé aussi en plus

de ce chiffre et la dépense sera régularisée pour dix atmosphères ; vous aurez alors plus que votre dépense, l'excédant s'en ira par les soupapes de sûreté du grand réservoir ; étant riche, à quoi bon lésiner, du moment que vous pouvez tout ce que vous voulez ?

Par ce moyen fort simple, vous avez un mouvement continu à la dépense, quoique vous ayez une intermittence à la production de la force en air comprimé. Et, je le répète, voyez combien est large et vaste la manipulation de l'air comprimé par les combinaisons de la machine, que vous ne pouvez ou on ne peut nier, tombant sous le bons sens.

Des machines à air comprimé, des basses pressions et des hautes pressions.

Pour les machines à basse pression, on comprendra les machines à vapeur à remplacer, dont on voudra utiliser de l'ancien appareil moteur, c'est-à-dire dont on ne voudra remplacer que les chaudières ou l'appareil de production de vapeur. Donc, pour utiliser ces appareils, vous avez des cylindres à la dépense d'une dimension donnée ; ces machines marchent sous différentes pressions, qui varient de cinq à douze atmosphères.

Ayant des cubes donnés d'avance des cylindres, qui feront la dépense, ces cubes n'étant pas en rapport avec ceux de la fabrication de la force en air comprimé comme volume, si vous ne régliez pas la charge des soupapes de vos réservoirs, les cubes de vos cylindres à la dépense étant plus grands que ceux de la production de l'air comprimé à égale pression, vous auriez déperdition de force par la dilatation ; ou autrement dit, l'air comprimé étant sous une pression de dix, atmosphères à la production, le volume de 0 mètre 50 centimètres cubes à chaque compression, le volume des cylindres à la dépense de 1 mètre cube, l'effort de la détente de l'air comprimé ne serait plus que de cinq atmosphères ; et si vous vouliez marcher à six atmosphères, vous ne le pourriez pas, ou alors il faudrait charger vos soupapes du petit réservoir, qui est le foyer de la production de la force, comme je l'ai dit pour une pression de douze atmosphères, pour avoir six atmosphères à la dépense.

Voici comment il faudra opérer, en admettant que les cylindres à la dépense cubent 2 mètres et marchent sous une pression de dix atmosphères, le volume ou cube de la production de la force en air comprimé de 0 mètre 50 centimètres cubes. Comme le petit réservoir doit être d'une dimension donnée pour équilibrer le volume de la fabrication, pour qu'il n'y ait pas de déperdition de force par la dilatation, la charge des soupapes du petit réservoir devra faire équilibre à une pression de quarante atmosphères, et celle des grands réservoirs à dix atmosphères, pour que le volume, passant du petit réservoir dans les grands, se dédouble quatre fois par la dilatation ; vous aurez donc à chaque compression 2 mètres cubes d'air comprimé à dix atmosphères ; donc, à la dépense, vous aurez un effort égal à cette pression. Comme il vaut mieux être riche que pauvre, pour avoir un surcroît de force à la dépense, on chargera les soupapes du petit réservoir à quatre-vingts atmosphères, les grands à vingt atmosphères ; et les cylindres de la dépense, on les règlera pour qu'ils marchent de dix à douze atmosphères, et l'excédant arrivant s'en ira par les soupapes de sûreté des grands réservoirs. Voilà ce que j'entends par basses pressions, quoique marchant sous de hautes pressions. Pour les machines à haute pression, on comprendra celles qui fonctionneront avec des cylindres à la dépense, égale comme volume au cube de la fabrication de la force en air comprimé. Ainsi nous avons 0 mètre 50 centimètres cubes, les cylindres à la dépense devront équilibrer ce volume ; on pourra les mettre double au pis aller comme volume et suivre le même mode de charge pour les soupapes, comme je l'ai démontré. En cela, on suivra la proportion, par rapport au volume de la machine.

En admettant que vous n'ayez que 0 mètre 25 centimètres cubes à la fabrication à chaque compression, et que les cylindres à la dépense cubent 2 mètres et marchent à dix atmosphères, pour qu'il y ait équilibre et que vous ayez 2 mètres cubes d'air comprimé à chaque compression, il vous faudra charger les soupapes du petit réservoir pour quatre-vingts atmosphères, pour que 0 mètre, 25 centimètres cubes se dédoublent huit fois en passant du petit réservoir dans les grands chargées à dix atmosphères. Ne perdez jamais de vue le stock, qui doit être dans les réservoirs, afin de prévénir les fuites s'il venait à en surgir par défaut de fabrication de machine. Voyez combien est large la marge du nouveau système, et quelle économie comme dépense des compagnies qui en feront l'exploitation ! En se servant de tout l'appareil moteur des anciennes machines à vapeur, ne remplaçant que l'appareil producteur de vapeur comprimée par celui producteur de la force en air comprimé ; le cheval à air comprimé ne leur reviendra plus à 225 fr. l'un dans l'autre ; ils pourront l'établir à meilleur compte : car, en définitive, le nouvel appareil se composera de poids en fonte, de tubes, cylindres en fonte douce et réservoirs ou boîtes en fer de telle forme que l'on voudra, et un bâti en fonte ; puis, une fois organisé pour fabriquer ces choses-là, on pourra les établir à des prix de revient excessivement minimes.

Du volume des machines à vapeur comparé au volume de celles dites à air comprimé.

Dans les petites puissances de deux à six chevaux vapeur, n'employant qu'un seul jeu : comme grandeur, nous tiendrons comme espace 2 mètres en longueur, sur 0 mètre 80 centimètres de large approximativement ; je dis à peu près, n'ayant pas encore projeté de ces modèles.

De 6 à 20 chevaux, deux jeux 5 mètres sur 80 centimètres.

De 20 à 100 chevaux, 6 mètres sur 90 centimètres.

De 100 à 500 chevaux, 7 mètres 50 centimètres sur 1 mètre 20 centimètres.

De 500 à 1,000 chevaux, 8 mètres 50 centimètres à 9 mètres sur 1 mètre 40 centimètres.

De 1,000 à 2,000 chevaux 9 mètres 50 centimètres sur 1 mètre 50 centimètres.

Pour le poids, les machines à vapeur dans les fortes puissances de 500 à 1,000 chevaux, le cheval pèse de 1,000 à 1,222 kilogrammes environ ; dans les puissances mixtes, ce chiffre est moindre, — il est bien entendu que dans ces poids tout y est compris, liquide, combustible et machine, c'est-à-dire la machine en pleine fonction, et que les chiffres de 1,000 à 1,222 kilos par cheval vapeur comprend les machines à vapeur employées à la navigation et qui font mouvoir les roues à aubes : celles qui font mouvoir les propulseurs à hélice sont un peu plus légères.

Pour les petites forces, comme poids, nous serons les mêmes qu'en vapeur, tandis que, dans les puissances dépassant les limites de la force des machines à vapeur, nous serons 100 fois plus léger.

Si ces puissances n'ont pas été employées jusqu'à ce jour, la dépense seule a été l'obstacle qui s'est opposé à l'emploi de ces fortes puissances appelées à rendre des services immenses dans l'agriculture comme irrigation, ce que l'on verra ci-après ; à doubler la vitesse pour la navigation, courir vingt-quatre nœuds au lieu de douze. Remorquer en chemin de fer le double ou le triple de ce que fait une machine actuelle, sa force étant subordonnée à une surface de chauffe et avec la vitesse que l'on voudra, étant maître de la puissance.

Une infinité de nouvelles applications que la dépense du

combustible a seule empêché jusqu'à ce jour, lorsque l'on songe qu'une machine à vapeur dépense, en fonctionnant une année consécutive, deux fois le prix qu'elle a coûté : contestation établie qui a empêché et qui empêche l'application de la force motrice de la vapeur dans une foule de cas.

Considérations qui n'existeront plus avec le nouveau moteur, appelé non-seulement à remplacer le moteur actuel, mais à prendre une étendue gigantesque en rendant des services immenses, dont il obligera l'homme malgré son apathie à l'activité forcée, y trouvant son compte, et il fera profiter, jusqu'au dernier des mortels, de la cause de la production des produits industriels à meilleur marché et aussi bonne qualité tout en la faisant chauffer à meilleur compte, dans les rigueurs de la froide saison d'hiver :

Conséquence forcée de l'application du vrai moteur universel, qui, je le sais bien, contrariera énormément l'industrie houillère. Que voulez-vous? On ne peut faire beaucoup de bien dans ce pauvre monde sans faire un peu de mal.

Le progrès ne peut suivre sa route qu'en démolissant pour mieux reconstruire; cela a existé et existera toujours, malgré la bonne volonté de l'homme pour ne pas nuire à son semblable.

Revenons aux poids des machines et de leurs puissances :

Poids 3,200 kilogrammes de   2 à 6 chevaux.
  Id.   3,200   *Id.*   de   6 à 20   *Id.*
  Id.   3,200   *Id.*   de 20 à 40   *Id.*
  Id.   3,200   *Id.*   de 40 à 80   *Id.*
  Id.   3,200   *Id.*   de 80 à 120   *Id.*

Si ce n'était l'adhérence qu'il faut donner aux machines, on pousserait plus loin les puissances au même poids; car s'il y a une différence dans ces chiffres ci-dessus, c'est par rapport à la force des parois qui changent d'épaisseur; car les premières forces sont en dessous du chiffre, c'est seulement pour ne pas rentrer dans une multitude de détails que je donne des chiffres approximatifs.

Poids 11,000 kilogrammes de 120 à 160 chevaux.
Id. 11,000 *Id.* de 160 à 200 *Id.*
Id. 11,000 *Id.* de 200 à 240 *Id.*
Id. 11,000 *Id.* de 240 à 280 *Id.*
Id. 11,000 *Id.* de 280 à 320 *Id.*
Id. 11,000 *Id.* de 320 à 360 *Id.*
Id. 11,000 *Id.* de 360 à 400 *Id.*

Toujours par rapport à l'adhérence.

Poids 15,600 kilogrammes de 400 à 500 chevaux.
Id. 15,600 *Id.* de 500 à 600 *Id.*
Id. 15,600 *Id.* de 600 à 700 *Id.*

Toujours par rapport à l'adhérence.

Poids 22,000 kilogrammes de 700 à 800 chevaux.
Id. 22,000 *Id.* de 800 à 900 *Id.*
Id. 22,000 *Id.* de 900 à 1,000 *Id.*

Toujours par rapport à l'adhérence.

Poids 30,000 kilogrammes de 1,000 à 1,100 chevaux.
Id. 30,000 *Id.* de 1,100 à 1,200 *Id.*
Id. 30,000 *Id.* de 1,200 à 1,300 *Id.*
Id. 30,000 *Id.* de 1,300 à 1,400 *Id.*
Id. 30,000 *Id.* de 1,400 à 1,500 *Id.*

Etc., etc., etc.

Ces chiffres sont pour les machines où on ne laissera subsister l'effet $x.x. + x.$; celles où on laissera subsister l'effet $x.x. + x.$, seront d'un poids plus fort ou plus lourd que celle-ci, à égale puissance.

Si je donne tant de résultats et démontre chiffre par chiffre combien l'œuvre a été rendue simple par l'inventeur et combien sa manipulation, facile en tout sens, offre des garanties incontestables établies sur des lois inamovibles que personne ne peut nier ni mettre en doute, donnant à cette immense découverte un cachet de simplicité tel que, quoique l'intelligence humaine soit frappée de prostration au prime abord, quand l'inventeur dit : « J'ai découvert le mouvement perpétuel », on est obligé de se rendre à l'évidence après avoir pris connaissance des travaux de l'inventeur.

Voyez, objection ou contestation que l'on puisse faire à l'œuvre, je veux bien les laisser subsister et compter avec elles et vous donner quand même des résultats plus que magnifiques théoriquement, et l'application pratique donnera exactement les résultats théoriques, agissant sur des bases certaines et n'attendant rien du hasard.

Ah! combien est vrai cet axiome : On ne résout pas les problèmes par hasard et en se jouant, on les résout par le travail et l'effort! Si quelqu'un est à même de l'apprécier, c'est *votre serviteur*. Il est dans sa onzième année de recherches (parce qu'il a été obligé, forcé de se créer tout seul), c'est-à-dire de déception de toute sorte : souffrances morales et matérielles seront toujours le lot qui incombera à l'inventeur qui n'est pas né riche.

Enfin le succès couronnera mes efforts, malgré l'envie et la jalousie qui s'attaque à tout ce qui est beau, grand et sublime.

Vous le voyez, je suis arrivé à cette période où l'auteur ne peut plus reculer; après des efforts inouïs, il a mis à jour une découverte immense, qui appartient de droit à l'humanité entière par les bons et grands services qu'elle est appelée à rendre à tous. Il y aurait donc crime à lui de ne pas agir; et aux hommes qui peuvent l'aider, de le laisser croupir dans l'ennui, faute de vouloir le comprendre par mauvaise foi ou mauvais vouloir.

L'œuvre n'a qu'un tort, c'est de frapper l'imagination, lorsque l'on parle d'elle, d'une sorte de prostration, comme j'ai déjà dit, qui met le doute infernal dans l'âme de ceux qui en entendent parler; et le seul mot qui s'échappe de leurs lèvres, c'est le mot *impossible*. Avant de se prononcer, on devrait bien s'abstenir et demander à l'auteur des renseignements, qu'il se fera toujours un plaisir de donner.

Je conviens que prendre du métal, en former un corps et lui donner le souffle de vie en quelque sorte, sans combustible ni action chimique, cela peut paraître surpasser les forces de la conception humaine. Eh bien! vous avez lu, et vous vous êtes rendu compte de tout ce que je dis, et vous êtes obligés de dire avec moi que je dis vrai, depuis le commencement de l'œuvre jusqu'à la fin.

Tous ceux qui m'ont connu, les miens particulièrement et les étrangers, leurs préjugés voulaient qu'avant de naître, je fus un homme : ils me demandaient l'impossible ; aujourd'hui je suis fier de leur prouver ce que maintes fois je leur ai répondu.

Mes grands confrères qui m'ont devancé en découverte et dans les sciences depuis des siècles et qui ont rendu des services immenses, leur histoire m'a démontré que tous généralement avaient eu une boussole pour but et qui les poussaient au travail : chez les uns, une femme aimée, qu'il fallait obtenir par le mérite ; chez les autres, de fortes et vives affections ; chez d'autres, une haine profonde. Ma boussole à moi, je vais vous la dire : celle qui m'a conduit et dirigé jusqu'où je suis arrivé, elle n'est pas belle : c'est le malheur, c'est ma fierté naturelle toujours blessée, mais jamais vaincue, depuis que je cherche cette œuvre; mille vicissitudes de toute sorte, qui ont doublé mes efforts dans mon travail dont j'attends encore satisfaction.

Un coup d'œil à l'exploitation de l'œuvre par l'inventeur.

Pour vulgariser l'œuvre immédiatement, il faut se servir du plus puissant levier qui existe, c'est-à-dire le moyen de faire gagner de l'argent à tous ceux qui emploient des forces motrices, intéressés les premiers à grandir leurs bénéfices dans leurs industries, leurs usines, chemins de fer, navigation, etc.; c'est surtout dans cette dernière que l'économie apportée par la machine et tous les agréments qu'elle amène avec elle, sont considérables. Mon système d'exploitation a le quintuple avantage sur le système ordinaire : 1° d'abord, de donner un bénéfice aux compagnies ou sociétés, qui en feront l'exploitation des 7/8 $\frac{60}{100}$ en plus sur le système ordinaire ; 2° obliger l'acceptation immédiate du nouveau moteur, bon gré, mal gré ceux qui emploient l'ancien moteur ; 3° les mauvaises têtes qui s'entêteraient à vouloir croupir dans le vieux système, seraient punies par l'endroit le plus sensibles c'est-à-dire grosse perte d'argent vis à vis des bonnes tête, intelligentes qui comprennent leurs affaires.

Ce système d'exploitation, aussi simple que grand, j'en ferai part aux capitalistes qui entreront dans l'immense affaire que j'ai découverte ; et pour vous en donner un aperçu, je prends une nation voisine, et vous verrez que toutes mes combinaisons sont simples en exploitation comme en invention : je m'appuie toujours sur quelque chose de plus puissant que le monde, qui est le simple bon sens, qui amène l'homme à faire de toute impossibilité établie une possibilité frappante, agissant franchement, loyalement, seul chemin possible pour les grandes pensées qui haïssent les détours.

Angleterre.

Un cheval à air comprimé gagnera à la compagnie anglaise qui exploitera le nouveau système 450 fr. par an, selon mon mode d'exploitation.

Tous les chevaux vapeur anglais actuels (je ne parle pas de ceux qui se créeront par le nouveau moteur), étant remplacés par le nouveau système, rapporteront à la société ou compagnie, par an, 1,642,500,000 francs.

En 15 ans, la compagnie aura bénéficié, selon mon mode d'exploitation, de 24,637,500,000 francs : elle aura dépensé, pour constituer ces bénéfices, 821,250,000 francs en nouvelles machines, en estimant le cheval à air comprimé lui revenant à 225 francs l'un dans l'autre. Je ferai remarquer que ce chiffre est fort raisonnable.

Les usines étant créées, c'est-à-dire celles actuelles, feront les nouvelles machines, comme elles faisaient celles à vapeur. La compagnie n'aura qu'à traiter avec elles, sans prendre les soucis d'une nouvelle installation.

Comme elle mettra par an 10 0/0 à l'amortissement, en 10 ans, elle sera quitte envers ses actionnaires et sera propriétaire du tout, c'est-à-dire d'une fortune comme il n'en existe pas ; ci-contre un tableau donnant le chiffre de tous les pays.

Si on abandonne mon système d'exploitation, on perdra les 7/8 et plus des bénéfices : plus l'acceptation du nouveau système sera 100 fois plus difficultueuse, par conséquent la vulgarisation immédiate plus difficile.

Dans les tableaux qui suivent, le premier représente le système ordinaire d'exploitation, le 2me celui selon mon mode d'exploitation : ces chiffres représentent seulement le remplacement des anciennes machines par les nouvelles. Que l'on se représente ce qu'elles sont appelées à devenir et ce qu'elles embrassent, comme service à rendre à la pauvre humanité : on aura une idée exacte de l'immensité de l'affaire, et on verra que ces chiffres sont appelés à se grossir énormément.

Il est à remarquer que le nombre de chevaux est plus élevé aujourd'hui: ce nombre date de 12 à 14 ans.

Puis, il faut supposer que tous ces chevaux marchent tous les jours, pour que ces chiffres soient exacts.

Généralement un cheval vapeur dépense en moyenne par jour 2 fr. 50 cent., chiffre que j'ai pris pour base pour établir mes chiffres : remarquez que je reste en dessous du chiffre de ce qu'ils coûtent aujourd'hui, vu la hausse de la houille, et figurez-vous pour plus tard si cette hausse irait en augmen_tant : car les gisements de houille ont une fin, et la quantité épouvantable que consomme le moteur actuel, rapproche cette fin plus que vous ne pouvez le penser.

J'ai dit que j'étais en dessous du chiffre de ce que dépense un cheval vapeur par jour; et pour vous en donner une preuve, je vais vous citer ce que dépense une petite machine employée à la télégraphie à air comprimé et à pression atmosphérique, fonctionnant au ministère de l'intérieur, de la force de 6 chevaux : en 15 jours, elle consomme 6,000 kilogrammes de houille; le cheval dépense donc 3 fr. 33 cent. par jour à 2 fr. 50 cent. le quintal, prix de revient de cette époque ; fonctionnant de 7 heures du matin à 8 heures du soir, par jour cela fait 19 fr. 98 cent., par mois 599 fr. 40 cent., par an 7,292 fr. 70 cent. Remarquez que, dans ces petites forces, la dépense est de beaucoup moindre que dans les puissances élevées. Dans les fortes machines, surtout celles employées à la navigation au long cours, j'ai calculé, étant sur lieu avec l'aide du chef mécanicien, le coût de la dépense d'un cheval : la puissance était de 500 chevaux. Eh bien! le cheval dépense de 4 fr. 50 cent. à 5 fr. par jour; je démontre cela pour dire que je reste tout le temps en dessous de la réalité.

A Messieurs les capitalistes.

A vous Messieurs, si l'homme qui vous démontre chiffre par chiffre, la réalité incontestable de son œuvre, établie sur des lois que je n'ai pas faites malheureusement, car mon âme profonde, bonne et franche, est jalouse de tout ce qui n'est pas moi ; c'est un défaut que je possède trop grandement, je l'avoue, mais, qui a rendu de vastes services, au pauvre auteur qui vous donne une solution incontestable, d'une impossibilité reconnue. Que puis-je vous offrir, pour que nous puissions nous estimer comme de bonnes gens : l'œuvre existe, ou alors, niez ce que tous mes pauvres confrères, ont fait depuis des siècles, en rendant d'immenses services à leurs frères et à l'humanité entière ; car sachant l'épouvantable labyrinthe par où ils sont passés, pour qu'ils puissent aboutir, je dois les plaindre, comme ceux qui viendront après nous ; saurons-nous apprécier aussi, et trouverons-nous que les tâches à remplir après celles-ci, seront encore plus grandes, plus profondes, d'après la loi du progrès.

J'offre à celui qui ne pourra que faire les fonds de la construction de la première machine et de la prise des brevets, $\frac{2}{10}$ 1/2 des bénéfices de cette immense affaire ; à celui qui pourra me fournir les fonds pour assurer notre propriété dans le monde entier par une première installation, comme la législation de tout pays nous y oblige, autres $\frac{2}{10}$ 1/2 des bénéfices.

Toutes gratifications ou pots-de-vin, toutes primes promises par les nations, à l'inventeur qui résoudra ce vaste problème, reviennent de droit à l'auteur et seront en dehors de toutes sociétés, étant une rémunération tout-à-fait hors l'œuvre.

Les premières offres seront toujours les premières et auront par ma loyauté, le pas sur celles qu'elles auront devancées.

(Suivent les tableaux.)

NATIONS.	NOMBRE de CHEVAUX.	LE CHEVAL vendu 1,000 francs.	225 francs COUT DU CHEVAL A RETRANCHER	BÉNÉFICES NET.	OBSERVATIONS.
Amérique septentrionale..	3,800,000	3,800,000,000	855,000,000	2,945,000,000	Chevaux reconnus.
Amérique méridionale....	3,650,000	3,650,000,000	821,250,000	2,828,750,000	id. approximatif.
Angleterre	3,650,000	3,650,000,000	821,250,000	2,828,750,000	id. reconnus.
France	3,000,000	3,000,000,000	675,000,000	2,325,000,000	id. approximatif.
Allemagne	2,000,000	2,000,000,000	450,000,000	1,550,000,000	id. reconnus.
Russie	1,000,000	1,000,000,000	225,000,000	775,000,000	id. approximatif.
Autriche	1,000,000	1,000,000,000	225,000,000	775,000,000	id.
Italie	1,000,000	1,000,000,000	225,000,000	775,000,000	id.
Espagne	500,000	500,000,000	112,500,000	387,500,000	id.
Portugal	100,000	100,000,000	22,500,000	77,500,000	id.
Belgique	200,000	200,000,000	45,000,000	155,000,000	id.
Suisse	100,000	100,000,000	22,500,000	77,500,000	id.
Suède	100,000	100,000,000	22,500,000	77,500,000	id.
Danemark	50,000	50,000,000	11,250,000	38,750,000	id.
Norvége	50,000	50,000,000	11,250,000	38,750,000	id.
Turquie	100,000	100,000,000	22,500,000	77,500,000	id.
Diverses	500,000	500,000,000	112,500,000	387,500,000	id.
Totaux	20,800,000	20,800,000,000	4,480,000,000	16,320,000,000	

NATIONS.	NOMBRE de CHEVAUX.	BÉNÉFICES. par an.	BÉNÉFICES en 15 ans.	DÉPENSES des COMPAGNIES.	OBSERVATIONS.
Amérique septentrionale..	3,800,000	1,710,000,000	25,650,000,000	855,000,000	Niez la solution du problème, ces chiffres sont une utopie !
Amérique méridionale...	3,650,000	1,642,500,000	24,637,500,000	821,250,000	
Angleterre	3,650,000	1,642,500,000	24,637,500,000	821,250,000	Approuvez cette solution, ces chiffres sont de beaucoup en dessous de la réalité!
France	3,000,000	1,350,000,000	20,250,000,000	675,000,000	
Allemagne	2,000,000	900,000,000	13,500,000,000	450,000,000	
Russie.	1,000,000	450,000,000	6,750,000,000	225,000,000	
Autriche	1,000,000	450,000,000	6,750,000,000	225,000,000	
Italie	1,000,000	450,000,000	6,750,000,000	225,000,000	
Espagne	500,000	225,000,000	3,375,000,000	112,500,000	
Portugal	100,000	45,000,000	675,000,000	22,500,000	
Belgique	200,000	90,000,000	1,350,000,000	45,000,000	
Suisse	100,000	45,000,000	675,000,000	22,500,000	
Suède	100,000	45,000,000	675,000,000	22,500,008	
Danemark	50,000	22,500,000	337,500,000	11,250,000	
Norvége,	50,000	22,500,000	337,500,000	11,250,000	
Turquie	100,000	45,000,000	675,000,000	22,500,000	
Diverses	500,000	225,000,000	3,375,000,000	112,500,000	
Totaux	20,800,000	9,360,000,000	140,500,000,000	4,480,000,000	

Appréciation des savants, concernant l'œuvre que j'ai créée : Delaunay, Mariotte, etc.

Je me servirai à peu près des mêmes termes que ces Messieurs.

Une foule de malheureux, depuis des siècles jusqu'à nos jours, ont cherché et cherchent le mouvement perpétuel, cette pierre philosophale de la science et de la mécanique : celui qui arriverait à cette découverte, crerait une source de richesses immenses pour le monde entier et son pays, inépuisables. Il établierait tout une révolution dans le monde matériel et industriel par la meilleure des révolutions, celle qui, pacifiant tout, amène en même temps l'économie sociale et améliore le sort des travailleurs.

Eh bien! (c'est toujours ces Messieurs qui parlent) faire de l'or, c'est fort joli : cette découverte existerait, elle serait moins grande que celle du mouvement perpétuel : cela a lieu de surprendre, n'est-ce pas? Eh bien! c'est exact, et vous allez comprendre, voici pourquoi.

L'or n'a qu'une valeur conventionnelle ; ce qui fait son prix, c'est sa rareté ; du moment que l'on pourrait en fabriquer, sa valeur diminuerait, descendrait à celle du cuivre ou du fer : c'est rationnel n'est-ce pas?

(C'est toujours ces Messieurs qui parlent.) Mais comme réfutation d'impossibilité de la solution de ce problème, ces Messieurs disent : Mais pour vaincre les résistances passives appliquées à toutes machines, il faut produire plus que la force employée pour la mise en train de la machine. Voilà ce qui empêchera toujours que cette immense découverte arrive à être mise à jour.

En effet, voilà de quoi choquer l'intelligence humaine. Et pourtant c'est exact.

Eh bien, Messieurs! vous avez lu et compris; j'ai trouvé bien d'autres difficultés que ces Messieurs, que j'ai traitées, je crois, d'une manière claire et précise, afin qu'il n'existe plus le moindre doute dans l'âme des hommes intelligents avec un peu de compétence en ces matières.

Par François Auguste Solvain, du Puy (Haute-Loire), soussigné.

A. SOLVAIN.

PROPRIÉTÉ DE L'AUTEUR.

Mon adresse, Auguste SOLVAIN, boulevard St-Laurent n° 7, et faubourg Pannessac, n° 4, au Puy (Haute-Loire).

Le Puy, imprimerie et lithographie M.-P. MARCHESSOU.